GW01237523

H
G
E

# ¿ESCRIBIMOS?

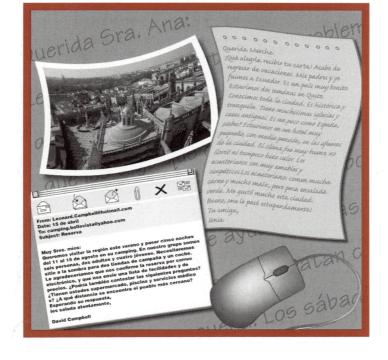

# SOLEDAD SPENCER-MONTES

Nelson Thornes
Delta Place
27 Bath Road
Cheltenham
Glos. GL53 7TH
United Kingdom

First published by Nelson Thornes 2001

ISBN 0-17-440253-8

9 8 7 6 5 4 3 2 1
05 04 03 02 01

Printed in Italy by Stige

**Acknowledgements**
Commissioning: Mo Smyth-Clark
Development: Keith Faulkner
Editorial: Sally Wood
Language consultant: Helena González Florido
Cover design: Liam Riordan
Design: Pardoe Blacker Ltd
Illustrations: Judy Musselle and Soledad Spencer-Montes
Other illustrations: Gary Andrews/Cambridge Publishing Management
Production: Martina Chamberlain

My thanks to Mike Thacker for his great support and encouragement. I would also like to thank Monica Morcillo Laiz.
S. S-M.

AQA (NEAB) Consultants on this title: Graham George and Carmen Ridao

# Contents

# Introduction

## 1 About the Writing Test

- This book is designed to help you to do the best you can in the writing part of your GCSE exam.
- The Writing Test is worth 25% of your total exam mark.
- Whether you are entered for Foundation or Higher Tier, the number of words you write is not important, provided you complete the task set.

## 2 About this book

- Each unit deals with one of the Areas of Experience (A–E) as listed in your syllabus.
- The tasks practised are similar to the ones you will be asked to do in your exam. Mostly these are short lists, postcards, letters, posters, articles, etc. Occasionally, however, you will find new tasks (faxes, e-mails, information leaflets, etc.) to add variety.
- If you are entered for Foundation Tier, you will need to practise the tasks under the headings Foundation Tier and Overlap (Foundation/Higher Tier).
  The Foundation Tier Writing Test lasts 40 minutes.
- If you are entered for Higher Tier, you will need to concentrate on the tasks under the headings Overlap (Foundation/Higher Tier) and Higher Tier. The Higher Tier Writing Test lasts 60 minutes.

## 3 How to use this book

Each unit follows a recognisable pattern:

- information about topics covered in each Area of Experience.
- an example ▶ in which a sample question is worked out with **Tips** on what to look out for, and when necessary a CHECKLIST suggesting how to approach each task and improve the overall outcome.
- one or more tasks ✐, designed to offer you the chance to practise similar tasks to the one in the example, and appropriate to each of the tiers (Foundation, Overlap and Higher).
- at the bottom of each page there is a box entitled AYUDA which gives you help in constructing useful phrases for the tasks set. Where you see the symbol ▷ , this is a reference to the vocabulary by topic or useful phrases.

### Vocabulary by topic

Vocabulary is listed by topic on pages 68-74. Make a habit of copying a few at a time into your vocabulary book and learning them.

### English–Spanish wordlist

If you are working on one of the tasks and do not know how to say something in Spanish, there is an alphabetical list of words from English–Spanish on pages 75-79.

### Useful phrases

On pages 6-9 you will find useful phrases to help you to do the following:

- write openings and endings for letters, postcards, faxes and e-mails
- send greetings and apologies
- make invitations and suggestions
- send regrets and acceptances
- make requests
- add enclosures
- give opinions
- make complaints

## 4 How to prepare for the exam

- Make sure that you know which elements of the exam you have been entered for.
- Practise the writing tasks appropriate to your level from each unit of the book. But remember that in the exam, the tasks you will have to do may include topics from more than one of the five different Areas of Experience.
- Collect vocabulary in a notebook as you do each task. Write down words which are useful and important to you. This way you will soon end up with a personalised vocabulary – much easier to remember!
- The examples ▶ are to give you an idea of what to aim for in each task, and to present a variety of structures and vocabulary in Spanish. The best thing is to use them as skeletons onto which you can hang your own ideas, experiences and opinions. The more personal you make your piece of writing, the easier it will be to learn from what you have written.

## 5  A checklist for the exam

Finally, when you see the exam paper in front of you, take a moment before you start to write to ask yourself a few simple questions. That way you will be clear about what you have to do.

- What sort of task have I been asked to write?

— a list?
— a postcard?
— an advertisement?
— a poster?
— a leaflet?
— a questionnaire?
— a letter?
— a report?
— an article?

- Do I have to use

— single words?
— short phrases?
— longer sentences?

- Who am I writing to?

— a friend?
— an adult?
— a complete stranger?
— more than one person?

- What topic areas will I cover?

- Do I have to…

— refer to past, present, or future events?
— provide information?
— ask for information?
— give my opinions?
— give reasons?
— make suggestions?

## Quick reference guide

| | |
|---|---|
| **Area of Experience** | Which topic area do you want to practise? |
| **Foundation** / **Overlap** / **Higher** | Which level is right for you? |
| ▶ | worked example |
| ✎ | practice task similar to the example |
| **Tips** | points to look out for |
| CHECKLIST | how to approach each task |
| **AYUDA** | help in constructing useful phrases |
| ▷ p6 | reference to the useful phrases at the front of the book |
| ▷ A1 | reference to the vocabulary by topic at the back of the book |

# Useful phrases

## Letters, postcards, e-mails and faxes

Conventions for addressing and setting out forms of written communication still vary widely, especially where many people are still adapting to new technology, such as e-mail. But essentially you have to decide whether what you are writing is informal (e.g. to friends, relatives, parents of your penfriend) or formal (e.g. to a hotel manager, camp-site owner, headmaster of a school).

## Informal

Guildford, el 17 de junio de...

¡Hola Pedro!

- use *tú, te, tu, tus, a ti*, etc.

Bradford, el 6 de noviembre de ...

Querido Alberto, Querida Mariana:

- use *vosotros, os, vuestro/a, vuestros/as*, etc.

Londres, el 28 de febrero de...

Querida Sra. Rosa:

- use *usted, le, su*, etc.

## Formal

| To: | Oficina de Turismo |
|---|---|
| Phone: | 00349 571 247584 |
| Fax: | 00349 571 325544 |
| From: | Ralph Lee |
| Phone: | 0044 1251 267 684 |
| Fax: | 0044 1251 267 684 |
| Date: | viernes 13 febrero de 2000 |

Estimado Sr:

- use singular *usted, su*, etc.

| From: | r-roberts@worry.com |
|---|---|
| Date: | 17 de septiembre |
| To: | Centradeport.@mejor.es |
| Subject: | Puesto vacante |

Estimados señores:

---

## Starting letters, faxes or e-mail (informal)

| Te agradezco<br>Gracias por<br>Te doy las gracias por | tu carta.<br>tu fax.<br>el correo electrónico. |
|---|---|

| Algunas | líneas<br>palabras | para agradecerte ... |
|---|---|---|

| ¡Qué alegría | recibir tu carta! | ¿Cómo estás? |
|---|---|---|

| Estoy muy | contento/a<br>feliz | de tener | un amigo por carta nuevo<br>una amiga por carta nueva | en España.<br>en Bolivia. |
|---|---|---|---|---|

| Mi profesor/a de español | me dio<br>me ha dado | tu dirección.<br>tus señas. |
|---|---|---|

Perdona por no haberte escrito antes.

## Starting letters, faxes or e-mail (formal)

| | | |
|---|---|---|
| Gracias por | su carta. | La he recibido esta mañana. |
| Le agradezco | su fax. | Lo he recibido hace poco. |
| Le doy las gracias por | el correo electrónico. | Lo acabo de recibir. |

| | |
|---|---|
| Algunas líneas para | agradecerle ... |

| | |
|---|---|
| Con relación a nuestra conversación telefónica | del 15 de agosto... |
| Respondiendo a su carta | del 10 de octubre... |

## Greetings and farewells

| | |
|---|---|
| ¡Enhorabuena! | Saludos de ... |
| ¡Feliz aniversario! | Un abrazo de ... |
| ¡Feliz cumpleaños! | ¡Buen viaje! |
| ¡Felices Pascuas! | ¡Buena suerte! |
| ¡Feliz año nuevo! | ¡Bienvenido/a/os/as! |
| ¡Feliz Navidad! | ¡Que te diviertas! |
| ¡Felicidades! | ¡Que se divierta! |

## Apologies

| | |
|---|---|
| Lo siento | |
| Lo siento mucho | por no haberte contestado antes. |
| Perdone(n) | por no haberle(s) escrito antes. |
| Perdona | por no haber ido este verano. |

## Invitations and suggestions

| | | | |
|---|---|---|---|
| ¿Te gustaría | pasar las vacaciones de verano | con nosotros | para hacer una gira en bicicleta? |
| ¿Querrías | pasar las vacaciones de invierno | conmigo | |

| | | | |
|---|---|---|---|
| ¿Te va bien | el viernes? | Podrías | ir de camping. |
| ¿Te viene bien | la semana próxima? | | descansar aquí unos días. |

| | |
|---|---|
| ¿Si vamos a Londres | te gustaría ir? |
| ¿Si vamos de vacaciones | te gustaría venir con nosotros? |

# Regrets and acceptance

| | | |
|---|---|---|
| Lo siento mucho | | no podré verte el sábado. |
| Discúlpame | pero | me es imposible verte. |
| Espero que me disculpes | | no he podido telefonearte esta semana. |

| | |
|---|---|
| Es una lástima que | no puedas visitarme. |
| Es una pena que | no tengas tiempo. |

| | | |
|---|---|---|
| Me gustaría mucho pasar | el mes de agosto<br>dos semanas | contigo.<br>con vosotros.<br>con ustedes.<br>con su/tu familia. |

# Requests (formal and informal)

¿Podría Vd….?
¿Podrías tú….?
¿Quisiera Vd….?
¿Quisieras tú…?
Dígame…
Dime…
Escríbeme…
Escríbame…

# Requests (formal) in a letter

| | | |
|---|---|---|
| Le agradecería | que | me enviase…/me enviara… |
| Le estaría agradecido | | me dijese…/me dijera… |

Le ruego que me envíe…
Podría por favor enviarme…

# Complaints

| | | |
|---|---|---|
| Siento | informarle que | el servicio en su hotel… |
| Me veo en la obligación de | | sus camareros no … |

| | | | |
|---|---|---|---|
| Espero | que | nos devuelvan | parte del dinero. |
| Les pedimos | | | el dinero de los billetes. |

## Enclosures

| Le adjunto | una factura.<br>un cheque por 18,000 ptas.<br>un sobre para su respuesta. |
|---|---|

## Endings (informal)

Hasta pronto,
Besos,
Un abrazo,
Recibe un abrazo,
tu amigo/a,

## Endings (formal)

Le agradezco su atención,
Agradeciéndole de antemano su atención,

En espera de una pronta y favorable respuesta, le saluda atentamente,

A la espera de sus noticias,

Le saluda atentamente,
Atentamente,
Se despide de Vd. atentamente,

# 1 Everyday activities

**Area of Experience A** The topics covered in this unit are:

- School
- Home life
- Media
- Health and fitness
- Food

## 1 School timetable

▶ Your Spanish penfriend has listed the two subjects she likes best and the two subjects she likes least, and has asked you to do the same when you write back.

| ✓ | ✗ |
|---|---|
| *el alemán* ❶ | *la historia* ❷ |
| *el teatro* | *las ciencias* ❸ |

### CHECKLIST

✓ Write four items in two columns headed by a tick and a cross.
✓ Write in Spanish.
✓ Write the names of the school subjects.

### Tips

❶ Use different subjects from those in your Spanish penfriend's list.
❷ Check spellings when the words are similar in both languages.
❸ Always write words in full. Avoid using English abbreviations which do not exist in Spanish (e.g. PE, CDT, RE).

✏ Now complete the list with your two favourite subjects and the two you like least.

## 2 Penfriend

▶ Your Spanish penfriend asks these questions about your school.

- *¿Cómo vas al colegio?*
- *¿A qué hora empieza el colegio?*
- *¿A qué hora sales del colegio?*
- *¿En qué curso estás?*
- *¿Cuál es tu asignatura preferida?*
- *¿Por qué te gusta?*

### CHECKLIST

✓ Write six pieces of information.
✓ Write in Spanish.
✓ Write short sentences.

### Mi colegio

Voy al colegio a pie. Las ❶ clases empiezan a las 8.45 de la mañana y terminan a las ❷ 3.00 de la tarde. Estoy en cuarto de ESO. ❸ Mis asignaturas favoritas ❹ son las ciencias y la física. ❺ Me gustan porque son interesantes. ❻

### Tips

❶ Use *mi/mis/nuestro/nuestra/nuestros/nuestras* to make your work more personal.
❷ Write *a la* plus the hour, if it is one o'clock (*a la una*) or *a las* plus the hour if it is from two o'clock onwards (*a las dos*). Write if it is morning (*de la mañana*) or afternoon (*de la tarde*).
❸ The number of the Spanish school year equivalent to yours is different. Year 11 is *cuarto de ESO* (*Educación Secundaria Obligatoria* - Compulsory Secondary Education). ▷ A2
❹ If the subject is feminine/masculine/plural, the adjective (describing word) must agree in gender and number (e.g. *la geografía es aburrida/ el francés es divertido/ las ciencias son interesantes*).
❺ Some subjects are masculine (*el diseño*) or feminine (*la física*) and some are plural (*las ciencias*).
❻ Give an opinion or make a comparison. ▷ B8

✏ Now answer your penfriend's questions, giving similar information about your school.

### AYUDA

| Creo que el español es | divertido. aburrido. difícil. | ▷ B8 |
|---|---|---|

| Mi asignatura preferida | es | la educación física. la biología. el arte. | ▷ A1 |
|---|---|---|---|

| Mis clases | empiezan a<br>terminan a | la una.<br>las nueve. | |
|---|---|---|---|

| Estoy en | tercero<br>cuarto | de ESO. | ▷ A2 |
|---|---|---|---|

| Mis<br>asignaturas<br>preferidas | son | las ciencias y la<br>religión.<br>las matemáticas<br>y la informática. | ▷ A1 |
|---|---|---|---|

| El español es | más<br>menos | fácil<br>útil<br>aburrido | que | el alemán.<br>la informática.<br>la química. | ▷ A1 |
|---|---|---|---|---|---|
| La historia es | tan | interesante | como | la geografía. | |

# 3 My school

▶ You have been asked to design a poster about your school.
Answer the following questions:

- *¿Cómo se llama tu colegio?*
- *¿Dónde está tu colegio?*
- *¿Cuántos alumnos hay en tu colegio?*
- *¿De qué color es tu uniforme?*
- *¿Qué deportes haces?*
- *¿Qué piensas de tu colegio?*

*Éste es mi colegio*
*Mi colegio se llama Wellington School y está cerca ❶ de la ciudad. En mi colegio hay casi ❷ 800 estudiantes. ❸ Podemos jugar ❹ al baloncesto y al fútbol. ❺ Nuestro uniforme es azul. ❻ Me gusta mi colegio ❼ pero creo que es demasiado grande.*

## TIPS

❶ Say where the school is (e.g. in which town or in which part of the country).
Remember to use the verb *estar*.
❷ *Casi* means "almost".
❸ Give the number of pupils (*hay*) or mention the size (*muy grande*, *pequeño*).
❹ Don't forget that *jugar* (to play) is followed by *a*, e.g. *jugar al fútbol*.
❺ Mention more than one sport if the question asks you about *deportes*.
❻ If there is no uniform, refer to *AYUDA* at the top of page 12.
❼ Give your opinion.  ▷ B8

✎ Now you design a poster with the required information about your school.

# 4 My school day

▶ You are comparing notes with your penfriend about schools. He asks you some questions.

- *¿Cuántas clases tienes al día?*
- *¿Cuánto tiempo dura cada clase?*
- *¿Cuántos recreos tienes al día?*
- *¿A qué hora es la comida?*
- *¿Cuántos deberes tienes todos los días?*
- *¿Qué actividades haces después del colegio?*

*Mi día escolar*
*En el colegio tenemos siete ❶ clases todos los días. Las clases duran 45 ❷ minutos cada una. Tenemos dos recreos al día. La comida es a la una. Todos los días tengo tres ❸ deberes para casa. Después de las clases voy al club ❹ de ajedrez.*

## TIPS

❶ Mention the number of lessons you have every day. If it varies, give an average.
❷ Mention the length of lessons in minutes. Use the verb *durar*.
❸ Mention the amount of homework you are given each day. If it varies, give an average.
❹ Include your favourite after-school activity.

✎ Now you write about your own school day.

**AYUDA**

| Mi colegio se llama… |
|---|

| Mi colegio está | al sur de Inglaterra.<br>en el campo.<br>cerca de Liverpool.<br>en las afueras de Londres. | ▷ A4 |
|---|---|---|

| Podemos jugar | al fútbol.<br>al tenis de mesa.<br>al baloncesto.<br>al hockey. | ▷ B11 |
| --- | --- | --- |

| Podemos practicar | el ciclismo.<br>el atletismo.<br>la natación.<br>la gimnasia. | ▷ B11 |
| --- | --- | --- |

| Mi<br>Nuestro | uniforme es | azul.<br>gris. |
| --- | --- | --- |
| En el colegio no tenemos uniforme. | | ▷ B7 |

| Todos los días | tenemos | dos recreos.<br>siete clases.<br>tres deberes para casa. | ▷ A1 |
| --- | --- | --- | --- |

## 5  My new house

**A**  You have moved house recently and you want to send your penfriend a plan of your new house. Complete it by labelling the rooms in Spanish.

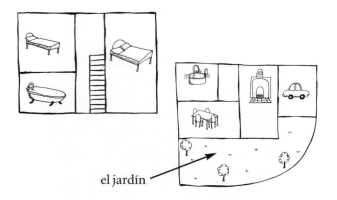

el jardín

**B**  Complete this list of which furniture goes in which room to send with the plan.

*En el salón tenemos dos butacas...*

*En la cocina...*

*En el comedor...*

## 6  My room

▶  Your penfriend wants to know what your bedroom is like.

- *¿Dónde está tu habitación?*
- *Describe tu habitación.*
- *¿Qué hay en tu habitación? (Da tres detalles.)*
- *¿Por qué te gusta / no te gusta tu habitación?*

*Querido Daniel:*

*Mi habitación está en el segundo piso. ❶ Es bastante pequeña. ❷ Es azul. En mi habitación tengo una cama, un escritorio y una silla. ❸ Me gusta mi habitación pero detesto el color. ❹*

## TIPS

❶ Say on which floor of the house your bedroom is.
❷ Describe your bedroom, using an adjective and adverbs, such as *muy*, *demasiado*, etc.
❸ Mention some of the contents of your bedroom.
❹ Give an opinion about your bedroom and say why you do or do not like it.

Now you describe your own bedroom.

### AYUDA

| En mi casa nueva | hay | dos habitaciones.<br>un comedor.<br>un cuarto de baño.<br>un garaje.<br>un salón.<br>una cocina. |
| --- | --- | --- |

| En el salón hay | una televisión.<br>un vídeo.<br>un estéreo.<br>un sofá. |
| --- | --- |

| Mi habitación es | muy<br>bastante | grande.<br>cómoda.<br>pequeña.<br>mediana. |
| --- | --- | --- |
| | azul, roja, verde... | |

| Mi habitación está | en la planta | | baja<br>de arriba. |
| --- | --- | --- | --- |
| | en el | primer<br>segundo | piso. |

## 7  A Spanish village

▶  Your penfriend has always spent his Christmas holidays with his grandparents in their village. This Christmas, your penfriend has invited you to go with him and you want to know the following:

- *¿Dónde está el pueblo?*
- *¿En qué parte del país?*
- *Describe el pueblo. (Da tres detalles.)*
- *¿Qué hay cerca?*
- *¿Por qué te gusta, o por qué no te gusta?*

Here is his reply:

> *Querido Richard:*
> *El pueblo está en El Cauca.* ❶ *Está al sur de* ❷ *Colombia. Es bonito, antiguo, y pequeño.* ❸ *Hay muchas iglesias.* ❹ *Las montañas* ❺ *están muy cerca. Me gusta mucho. Es muy tranquilo.* ❻

**TIPS**

❶ Write in which region the village is located.
❷ Mention its geographical position in the country.
❸ Give a short description, e.g. say whether it is historical, industrial, rural.
❹ Describe a main feature of the village, e.g. say whether it has a theatre or a market.
❺ Mention what can be found nearby, e.g. the sea, mountains, woods.
❻ Give your opinion of the village and why you like or dislike it.

✏ Now give a similar description of wherever you normally spend Christmas.

## 8 My tastes

▶ Your penfriend Jaime has sent you an e-mail asking about your interests and preferences. Reply to him in Spanish.

- *¿Qué tipo de programa de televisión prefieres?*
- *¿Qué piensas de los concursos?*
- *¿A qué hora ponen las noticias en tu país? ¿Te gustan?*
- *¿Cuáles son tus dibujos animados favoritos?*
- *¿Cuándo escuchas la radio?*
- *¿Puedo llamarte por teléfono a tu casa?*

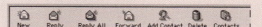

New  Reply  Reply All  Forward  Add Contact  Delete  Contacts

**Querido Jaime:**
Gracias por tu carta. Me gusta mucho ver la tele. ❶ Prefiero ❷ los deportes. Los concursos no están mal. ❸ Detesto las noticias. ❹ Empiezan ❺ a las seis y media y terminan a las siete. Los dibujos animados son muy buenos, especialmente Bugs Bunny. Siempre escucho la radio cuando hago footing. ❻ Puedes llamarme todos los días después de las cinco de la tarde.

**TIPS**

❶ When talking about what you like and using the verb *gustar*, write *me gusta* plus the infinitive of the verb you want, e.g. *me gusta **escuchar** música*.
❷ Watch the spelling of the "I" form of the verb *preferir: prefiero*.
❸ Give your opinion.
❹ Remember that plural nouns need plural forms of the verb, e.g. *las noticias empiezan … y terminan …*
❺ Here you could use an expression of frequency, e.g. *generalmente, nunca, pocas veces…*

✏ Now answer Jaime's questions in your own words.

## 9 Household chores

▶ The drawings on page 14 show the chores you have to do for the following week and a half. Complete the chart with the day and the chore.

*Ejemplo:*

| DIA | TRABAJO |
| --- | --- |
| *lunes* ❶ | *hacer la compra* ❷ |

| ¿Te | gusta | la tele? |
| --- | gustan | las noticias? |

| Detesto | la música clásica. |
| Prefiero | las telenovelas/los culebrones. | ▷ B15 |

| Me | gusta | la radio. |
| --- | gustan | los deportes. | ▷ B11-13 |

| Todos los días | |
| Siempre | escucho la radio. |
| En verano | |

## 11  Leaving messages

► You have organised a party with Conchita, and some of your friends who can't come have left messages on the answering machine. Write down each message for Conchita to read when she comes home.

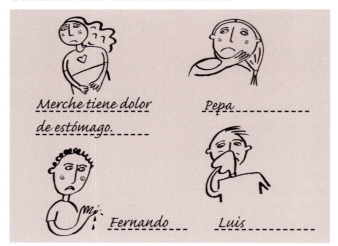

Merche tiene dolor de estómago.

Pepa _____

Fernando _____

Luis _____

**TIPS**

● Use *tener dolor de* + the part of the body ▷ A14, A16
● When something causes somebody pain you use: *le duele* + the part of the body but if several parts of their body are troubling them, use the plural form of the verb, e.g. *le dueLen el dedo y el pie*.
● In Spanish you use the verb *estar* with temporary conditions, such as illness or moods, e.g. *estoy fatigado/a, está enfermo/a, estamos tristes*. ▷ A14
● Remember to use reflexive verbs when you do something to yourself, e.g. *me corté la rodilla*. ▷ A17

Now practise writing messages for friends telling them why you can't go out tonight: *No salgo esta tarde porque …*

**TIPS**

❶ Remember the days of the week do not start with a capital letter.
❷ Use infinitives to describe all these chores (*lavar el coche*, etc). ▷ A7

## 10  Where does it hurt?

After three days on a walking excursion in Guatemala, your friends are not feeling too well. You are the only one who speaks Spanish and the doctor has asked you to fill in a form to try to establish what is wrong with them.

### CENTRO DE SALUD LAS MERCEDES

| NOMBRE | PARTE DEL CUERPO | PROBLEMA |
|---|---|---|
| Paquita Torres | la mano | picadura |
| Javier Márquez | la oreja | |
| Rosita López | | |
| Merchi Gómez | | |

## AYUDA

| Estoy | cansado/a. resfriado/a. mal. bien. | ▷ B5 |
|---|---|---|

| Tengo | hambre. fiebre. frío. el brazo roto. | ▷ B5 |
|---|---|---|

| Tengo dolor de | garganta. estómago. cabeza. | ▷ A14 |
|---|---|---|

| Me duele | el estómago. la garganta. la cabeza. | ▷ A16 |
|---|---|---|

| Me duelen | los pies. las muelas. los ojos. | ▷ A16 |
|---|---|---|

## 12 My favourite food

▶ You are on holiday at your penfriend's in Spain and his mother wants to know what you like to eat. Refer to the drawings below and list four items for each meal.

*Para el desayuno tomo: pan, ...* ❶

*Para la comida tomo: un bocadillo de...* ❷

*Para la merienda tomo: una manzana, ...*

*Para la cena tomo: ...* ❸

CHECKLIST

✓ Make sure you write four items for each drawing.
✓ Check spelling.

### TIPS

❶ You could mention different kinds of bread: *pan francés, panecillo, bollo.*
❷ You can include Spanish specialities, e.g. *tortilla*, in your sandwich if you like.
❸ See lists of food and drink. ▷ A8-A12

✎ **A** Make a list of four things you love, four things you like and four things you dislike.

| Me encanta/n | Me gusta/n | Detesto |
|---|---|---|
| | | las aceitunas |

✎ **B** In a cafeteria, what are the following individuals most likely to ask for?
**a)** A vegetarian
**b)** A teacher with a sweet tooth
**c)** A very hungry adolescent
**d)** A person on a diet

Mention as many items as you can for each person.

## AYUDA

| Me encanta Me gusta Detesto | la tortilla. | ▷ A8 |
|---|---|---|

| Me encantan Me gustan | los caramelos. |
|---|---|

## 13 Healthy eating

▶ In a survey conducted at your school it was discovered that many pupils were eating junk food. You and some of your classmates have been asked to design a poster with recommendations in Spanish for healthy eating.

*Beber poca limonada* ❶

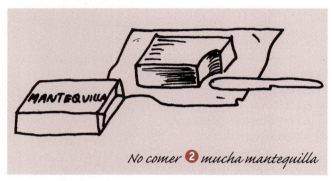

*No comer* ❷ *mucha mantequilla*

✎ Now use your own, or copy some of the drawings on the right to help you to make your own poster.

**TIPS**

❶ Write in short sentences.
❷ The infinitive (the form you find in the dictionary ending in *-ar, -er,* or *-ir*) is used to give orders on street notices or to make recommendations to the general public in advertising.

# 14 My new school

▶ *Tienes que escribir un artículo sobre tu próximo colegio para una revista escolar española.*
*Respondiendo a estas preguntas, escribe una descripción en español de tu nuevo colegio.*

- *¿Cómo se llama el colegio? ¿Qué clase de colegio es?*
- *¿Cómo es? ¿Cuántos alumnos hay?*
- *¿Cuántas asignaturas vas a estudiar y por qué?*
- *¿Cuál va a ser el horario?*
- *¿Cómo irás al colegio?*
- *¿Qué uniforme llevarás?*

*Pregunta:*

- *algo sobre los estudios en el colegio español.*

Me llamo Javier Rivera y mi nuevo colegio se llama Edward's College. Es un colegio de secundaria ❶ y es bastante grande con muchísimos alumnos. En el último año voy a estudiar tres asignaturas: ❷ historia, inglés y español, porque me gustan mucho. Las clases serán de nueve a una y de dos a cuatro ❸ pero no hay clases todos los días. Tomaré el autobús para ir al nuevo colegio. ❹ Ahora siempre voy a pie al colegio. En el nuevo no hay que llevar uniforme ❺. ¿A qué hora termina el día escolar en España?

## TIPS

❶ Say what type of school you are going to and perhaps add a detail about the size, buildings, pupils, etc.
❷ Mention what you are going to study. (Use the form *ir + a + infinitive = voy a estudiar*.) Develop your answer by giving reasons using *porque…*
❸ Mention something about your daily routine: your timetable, activities, or any sports.
❹ Mention the means of transport to get to and from your future school. You could contrast it with your present school. Use words such as *ahora, en este momento, este año*.
❺ Make a statement contrasting the two schools (*tendré menos clases al día que en mi colegio actual*).

✎ Now you write an article with your own thoughts and opinions.

## AYUDA

| Mi instituto | es<br>será | de secundaria.<br>mixto.<br>privado. |
|---|---|---|

▷ A1

| Mi colegio es | muy<br>bastante<br>demasiado | grande.<br>moderno.<br>viejo. |
|---|---|---|

| No hay que<br>Hay que | comer en el colegio.<br>ir todos los días.<br>llevar uniforme. |
|---|---|

| Siempre<br>Nunca | he ido<br>he viajado | en tren<br>en bus | al colegio. |
|---|---|---|---|
| | he caminado | | |

| El año próximo | caminaré<br>voy a caminar | | al colegio<br>nuevo. |
|---|---|---|---|
| | tomaré<br>voy a tomar | el metro<br>el tren | |
| | voy a ir<br>iré | en coche<br>a pie<br>en bicicleta | |

▷ C3

# 15 Get well soon!

▶ *Has tenido un accidente haciendo deporte. Recibes una tarjeta de tu amigo Nacho.*

*Escribe una respuesta contestando estas preguntas.*

- *Da las gracias por la tarjeta.*
- *¿Cómo te encuentras hoy?*
- *¿Qué te ha pasado? (Menciona dos detalles.)*

*Explica:*

- *¿Cómo ha pasado? (Menciona dos detalles.)*
- *¿Qué debes hacer ahora?*

Querido Nacho:
Gracias por tu tarjeta. ¡Qué simpático eres! Hoy me encuentro mejor, ❶ pero todavía me duele el pie. Me he caído ❷ y me he torcido el tobillo. ❸ He tenido el accidente haciendo deporte hace una semana. ❹ Hacía muy mal tiempo. ❺ Debo descansar el pie dos semanas más. ❻
Un abrazo,
Martin

## TIPS

❶ Here you could also say: *ahora estoy mejor* or *hoy me siento mejor*.
❷ Use the Perfect tense to say what has happened to you fairly recently.
❸ Look at the *AYUDA* section on page 18 for alternatives.
❹ You can write *hace* + number of days (ago) or *ayer* (yesterday), or just give a day of the week. Remember the days of the week have a definite article in Spanish: *el lunes, el martes…*, and do not start with a capital letter.
❺ Use the Imperfect tense to describe what the weather was like at the time of the accident/event.
❻ You could use *durante dos semanas* (for two weeks).

✎ Now you write a reply, giving different details.

### AYUDA

| Gracias por | tu carta. | |
|---|---|---|
| Te agradezco | tu tarjeta. | ▷ p7 |

| Me he hecho daño en | | |
|---|---|---|
| Me he torcido | el tobillo. | |
| Me he roto | | ▷ A17 |

| Debo | pasar | dos días | en el hospital. |
|---|---|---|---|
| | | una semana | |

| He tenido un accidente | hace dos semanas. |
|---|---|
| | hace tres días. |
| | el lunes. |
| | el martes pasado. ▷ B2 |

| Tengo que | descansar | en cama | tres semanas. |
|---|---|---|---|
| | quedarme | | durante tres días. |
| | | | hasta el fin de semana. |

## 16 Moving house

▶ *En su última carta tu amiga española te hace unas preguntas sobre tu nueva casa.*

*¿Has cambiado ya de domicilio? ¿Dónde está?*
*Contéstame pronto. Conchi*

*Contesta la carta de Conchi en español con tus propios detalles.*

*Incluye la siguiente información.*
- *Dónde vives en este momento y una descripción de tu casa/piso.*
- *Una descripción de tu domicilio nuevo.*
- *Por qué te gusta o no la casa nueva/el piso nuevo.*

*Pregunta:*
- *algo sobre la casa de tu amiga.*

Querida Conchi:
       Vivimos en un piso ❶ bastante pequeño en el centro de la ciudad. Nunca hemos tenido jardín ni terraza. ❷ Mi habitación es la más pequeña. ❸ Nunca ❹ hemos tenido un estudio, ni tampoco un garaje. Hace una semana ❺ mis padres compraron una casa muy bonita en las afueras de la ciudad. Hay tres dormitorios y dos cuartos de baño. Hay un salón enorme y un comedor al lado de la cocina. ❻ Mi hermano y yo vamos a tener nuestra propia habitación. Mi padre va a tener un estudio muy grande en la primera planta. Tendré que limpiar la primera planta y mi hermano la segunda. ❼ También tendremos que trabajar en el jardín. ¿Tienes una habitación para ti sola? ¿Qué tienes en la habitación?

      Escríbeme pronto.

      Helen

**TIPS**

❶ Learn the names for different types of housing: *un piso; un chalet; una casa adosada; un apartamento con tres habitaciones…* and explain what kind of house it is: *vieja, moderna, grande…*
❷ You can mention what you do not have in your present house and where the different rooms are.
❸ Mention something about your room.
❹ *Nunca hemos tenido …* means "We've never had …" and is a very useful expression for this letter. *Siempre* ("always") is the opposite of *nunca*.
❺ Be precise about how long ago something happened by using *hace* + a period of time + the Preterite tense, e.g. *Hace un mes nos cambiamos de casa*.
❻ You could give some information about the new house: the number of rooms; whose rooms they are.
❼ Mention one or two chores you do or like doing around the house.

✎ Now it's your turn to write to Conchi with your own details.

### AYUDA

| Siempre | hemos vivido | en un piso | antiguo/a. |
|---|---|---|---|
| Nunca | | en una casa | moderno/a. |

| Hace | un mes | compramos | un chalet. |
|---|---|---|---|
| | una semana | alquilamos | una casa. |
| | unos días | | un piso. |

| Mi padre | va a tener | un estudio |
|---|---|---|
| Mi hermano | tendrá | una habitación |

| grande | en la primera planta. |
|---|---|
| pequeño/a | en la segunda planta. |

▷ C8

| El comedor | está | cerca de | la sala de estar. |
|---|---|---|---|
| | | al lado de | |
| | | enfrente de | |

▷ A4

| Todos | los días | tengo que | fregar |
|---|---|---|---|
| | los sábados | debo | limpiar |

| los platos. |
|---|
| mi habitación. ▷ A7 |

# 17 Agony aunt

▶ *En una revista juvenil española encuentras esta carta.*

- *Explica cuál es tu problema. (Da por lo menos dos detalles.)*
- *¿Qué te molesta? ¿Por qué?*
- *Describe la actitud de tus padres.*
- *¿Qué hacen ellos que te molesta?*
- *¿Qué quieres que ellos hagan?*
- *Describe lo que tú quieres.*
- *Da una solución posible a tu problema.*

Querida Sra. Ana:

Le escribo para contarle un problema que tengo con mis padres. Cada vez que les digo que quiero salir o ir al cine me dicen que no puedo, que debo estudiar o que tengo que ayudar en casa. ❶ Tengo quince años pero me tratan como a una niña pequeña. Los sábados y los domingos me levanto tarde, entonces dicen que soy muy perezosa. ❷ Los días de colegio suelo levantarme a las siete y media y voy al colegio a las ocho y media. Normalmente no tengo suficiente tiempo para desayunar pero ellos piensan que como muy poco y que me acuesto muy tarde. Las clases en la escuela terminan a las tres y media y después de la escuela me gusta ir a la cafetería y encontrarme con mis amigas para charlar y comer una hamburguesa o un bocadillo.

Por las tardes llego a casa alrededor de las seis y me esperan enfadados. Dicen que tengo que hacer los deberes enseguida, ❸ pero yo quiero primero hablar por teléfono con mis amigos del barrio y no me lo permiten. ¡No es justo! El martes pasado mi madre entró en mi habitación y yo tenía toda la ropa en el suelo. ❹ No tengo nunca tiempo para recogerla. Además mis revistas y mis fotos también estaban tiradas por todas partes. Traté de explicarle a mi madre que a mí no me molesta el desorden y que me gusta mucho mi habitación así como es. Ella no lo quiere entender y ahora dice que debo ordenarla cada día y si no lo hago, no me deja salir a ninguna parte ni ver a mis amigas. ❺ Yo no quiero cambiar mi habitación, tampoco limpiarla. Detesto hacerlo. ¡Estoy harta! Quiero que me dejen en paz. ❻

Le agradecería sus consejos.

## TIPS

❶ The problem could be anything from relationships with brothers or sisters to very strict parents or household chores.

❷ Look for phrases or words in the example material that you could reuse in your own letter: *además, entonces, me tratan, si no…, así que…*

❸ You could say that you have to do something that you do not want to do, e.g. chores, go to bed early, watch a certain programme on TV (use *tengo que* or *debo*).

❹ Remember that very often the Imperfect is found close to the Preterite tense (both tenses are used for happenings in the past). It is worth revising these tenses so that you can use them properly.

❺ Say what they want you to do and what the consequences will be if you fail to do it.

❻ *Quiero que* is followed by a verb in the present subjunctive, e.g. *¡Quiero que me dejen en paz!* Or *¡Quiero que me den libertad!*

✏ *Escribe una carta similar con tus propias experiencias en tu familia.*

### AYUDA

| Me tratan Me hablan | como a un niño/a. | | ¡No es justo! ¡Estoy harta! |

| Quiero que | no me digan nada. me dejen en paz. |

| Tengo que Debo | ayudar. estudiar. |

| Mi padre Ella | no lo | quiere puede | ver. entender. |

| Los días de colegio Los domingos | suelo | levantarme acostarme |

a las siete de la mañana.
a las once de la noche.

▷ B2

| Estaba | en | mi habitación el salón | cuando | entró sonó | mi madre. el teléfono. |

# 18  My brilliant school

▶ *Participas en un concurso de un periódico escolar español. Las preguntas son:*

*¿Tienes todos los días el mismo horario?*
*¿Hay muchas reglas en tu colegio?*
*¿Haces deporte?*
*¿Tienes planes para el futuro?*

*Escribe un artículo sobre tu colegio:*
- *Describe el día escolar. (Da por lo menos tres detalles.)*
- *Habla sobre tu horario y las clases.*
- *Menciona lo que tus amigos/as y tú hacéis.*
- *Escribe sobre las reglas de tu colegio. Da tu opinión.*
- *Describe tu uniforme.*
- *Escribe sobre las cosas que harás el año próximo.*

*Mi colegio es un colegio privado bastante grande. Allí no todas las mañanas son iguales. Los dos primeros días las clases empiezan a las nueve pero debemos llegar un cuarto de hora antes. ¡El miércoles es excelente! Empezamos las clases más temprano porque por la tarde tenemos deportes.* ❶ *Tenemos seis clases al día. Cada clase dura cincuenta minutos aunque a veces terminamos más temprano. Tenemos dos recreos al día pero mi amiga y yo no los tomamos todos porque a veces ayudamos en el laboratorio. El segundo recreo, claro, es para la comida. ¡Qué asco!* ❷ *Todos los días nos dan patatas fritas.*

*En nuestro colegio hay muchas reglas. No puedes llevar la falda ni muy corta ni muy larga, ni pendientes, pero a mí me gustaría llevarlos.* ❸ *Los chicos tienen que llevar el pelo corto. ¡Qué lástima!. Por supuesto que no te dejan fumar ¡qué va!*

*Nuestro colegio no tiene uniforme pero tienes que ir con ropa limpia. Si llegas tarde a clase el profesor no te deja entrar y tienes que estar de pie en el pasillo. Esto me parece bien. Si tienes hambre tienes que esperar al recreo; en la clase no puedes ni comer ni beber. Yo siempre tengo sed. Lo que me parece más difícil es estar callada toda la clase, porque*

*me gusta hablar muchísimo.* ❹ *A pesar de todo, me encanta mi colegio.*

*Desafortunadamente, el año próximo cambiaré de colegio; todavía no estoy segura de qué asignaturas voy a escoger ni lo que haré en el futuro.* ❺

## TIPS

❶ Describe your school day, giving comparisons or opinions (*no todos los lunes son… el jueves es mi favorito porque… es aburrido porque…*).
❷ It is a good idea to give your opinions as this gains marks for elaboration.
❸ Use the conditional tense (*me gustaría*) to express how you would like something to be.
❹ You can join shorter sentences together using *que; porque; así.*
❺ Use the future tense (*cambiaré*) or *ir + a + infinitive* (*voy a ver*) to talk about future plans or events. (If you have the opportunity, use a variety of tenses. Use the Preterite tense for what you did yesterday, and the Imperfect tense for "used to", "was" or "were".)

🖊 *Ahora te toca a ti. Escribe un artículo describiendo tu colegio.*

### AYUDA

| Los lunes Los miércoles | las clases | empiezan a las nueve. son diferentes. | ▷ B1 |
|---|---|---|---|

| No puedes | hablar comer | en clase. |
|---|---|---|

| El año pasado | aprendí mucho. estudié poco. |
|---|---|

| Si llegas tarde | no te dejan | puedes | entrar. |
|---|---|---|---|

| Me gustaría | llevar pendientes. cambiar de colegio. |
|---|---|

| El año proximo | cambiaré de colegio. dejaré el colegio. |
|---|---|

# 19 Book reviews

▶ *Haz un resumen de un libro.*

- *Describe el último libro que leíste. ¿Por qué te gustó?*
- *Desarrolla el tema principal del libro.*
- *Menciona cómo termina el libro.*
- *Da tu opinión en general.*

Hace poco leí una novela muy buena. La historia se llamaba *Los millones de Matt*. El autor es Andrew Norris. ❶ Este libro me gustó mucho porque enseña que el dinero no compra ni los amigos ni la felicidad. ❷ Muchas personas creen que su mundo cambiaría si ganaran la lotería. Yo creo que la persona tiene que aprender a usar el dinero. En el libro, Matt es un chico de catorce años que un día se levantó por la mañana y encontró una carta con su nombre. La carta traía un cheque de un millón cuatrocientas mil libras y era para él.

Cuando Matt estaba enfermo, dos años atrás, ❸ se inventó ❹ un juego para el ordenador ya que estaba muy aburrido. ❺ Su madre pensó que el juego era divertido y decidió enviarlo al abogado para que lo sacase al mercado. Éste ❻ se lo dio a una compañía de juegos japonesa. La compañía lo sacó al mercado y vendió millones de copias. El abogado recibió el dinero y lo guardó sin decirle nada a Matt ❼ porque la madre del muchacho creía que éste era demasiado joven para estas cosas. Poco después el abogado murió y su hijo heredó su negocio. Un día cuando éste último buscaba unos papeles se encontró con los papeles de Matt y le entregó el dinero. Después el chico empezó a gastar muchísimo y a cambiar su carácter. Matt ya no era el mismo y por esto perdió a su mejor amigo. Después de muchos problemas, Matt vio que el dinero no podía ❽ comprar todo y que él era diferente ahora. Entonces decidió cambiar positivamente, ayudarle a su madre, y así su amigo le volvió a hablar. Todos vivieron felices. ❾ Este libro es muy bueno porque enseña muchas cosas importantes.

## TIPS

❶ Remember to mention the title, the author and what type of book it is.

❷ You could mention your opinion of the book and how important the subject matter of the book was in making you choose it.

❸ Use expressions of time, such as: *una mañana…, un poco después, más tarde,* to put the book's events in sequence.

❹ You will be using the Preterite and the Imperfect frequently. Revise the use of these tenses.

❺ Include some details. Make use of adjectives to describe things and people.

❻ Remember to use demonstrative pronouns (*éste, ése, aquél*) to avoid repetition of nouns.

❼ Direct and indirect pronouns (*lo, la, le…, se lo…*) should be used to avoid repetition of things and people.

❽ After *poder, deber* and *tener,* use the infinitive (*-ar, -er, -ir* form of the verb).

❾ Always write a conclusion to your book review.
It would be a good idea to learn by heart a few phrases which you may not come across in your Spanish lessons.

(See the *AYUDA* section for examples.)

! *Ahora tú puedes escribir un resumen de un libro que te haya gustado.*

## AYUDA

| El autor / El libro / La novela | se llamaba… / se trataba de… |

| En mi opinión… / A mi parecer… |

| Yo creo / Yo pienso / Me parece | que | el tema es interesante. | ▷ B8 |

| El libro / La película | es / era | muy | divertido. / romántica. |

| El chico | vio / pensó | que | podía | ser / comprar → feliz. / la felicidad. |

El final del libro me pareció muy interesante.
Este libro es muy realista.
Quisiera leer el siguiente libro de este autor.
Pasan muchas cosas en este libro.
Es un libro muy emocionante.
Este libro está lleno de sorpresas y suspenso.

## 2 Personal and social life

**Area of Experience B** The topics covered in this unit are:

- Self, family, friends and pets
- Sports, hobbies, holidays and jobs
- Personal relationships and social activities
- Arranging a meeting or activity
- Leisure and entertainment

### 1 Introducing myself

▶ Your teacher has asked the class to fill in a registration form and to write a short paragraph about yourselves for your new penfriends in Spain. This is what one student wrote:

| | |
|---|---|
| NOMBRE: | John Arthur |
| APELLIDOS: | Harvey |
| NACIONALIDAD: | Irlandés |
| EDAD: | 15 años |
| DIRECCIÓN: | 6, Belvedere Court, Dublín |
| TELÉFONO: | 0035-53852 |
| OCUPACIÓN: | Estudiante, St. Peter's School |
| FIRMA: | John Harvey |

*Me llamo ❶ John Arthur Harvey. Soy irlandés y tengo quince años. Vivo ❷ en el número 6, Belvedere Court en Dublín. Mi número de teléfono es el 0035-53852. ❸ Soy estudiante ❹ en el colegio de St. Peter en Dublín.*

✎ **A** Now fill in your registration form and write a paragraph with your own details.

**TIPS**

❶ Remember to say *Me llamo*. Note the difference in meaning between *me* (myself) and *mi* (my).
❷ In this task, use verbs in the first person singular (*Vivo*) and write short sentences. You could pretend to be someone else: the important factor is to write correct Spanish.
❸ Before the telephone number you should write *el*.
❹ You could also say *estudio* (I study).

✎ **B** Your teacher has distributed a questionnaire for you to fill in with details about yourself and your family.

*Ejemplo: ¿Puedes describir tu carácter? Soy tímida/o.*

- *¿Con quién vives?*
- *¿Cuántos hermanos tienes?*
- *Menciona una característica de dos miembros de tu familia.*
- *Describe a tu mejor amiga/o físicamente. Da dos detalles.*

**TIPS**

● Unless you are asked to do otherwise, use single words to describe personality, age, physical characteristics, etc.
● Remember that if you talk about a male person, the adjectives referring to him have to have masculine endings (*tímido, aburrido*).

### 2 Presents

▶ You are going to meet your penfriend Juan's family in Spain. You have brought some presents for them.

✎ Now Juan would like to buy some presents for your family. Give him four suggestions in Spanish.

**TIPS**

● To make this exercise easier, think in group words, e.g. food, clothing, music.
*Ejemplo:* Clothing: *blusas, pantalones, calcetines…*
Music: *clásica, romántica, pop…*

# 3 Passport

▶ Your Spanish penfriend is going to spend a few weeks with your family in England and she needs a passport. Here are her details.

| SOLICITUD PARA PASAPORTE | |
|---|---|
| NOMBRE: | Mónica |
| APELLIDOS: | Cervantes Guerra |
| EDAD: | 15 años |
| PROFESIÓN: | estudiante |
| FECHA DE NACIMIENTO: | el 12 de agosto de 1985 ❶ |
| LUGAR: | Granada |
| NACIONALIDAD: | española |
| FAMILIA: | hija única |
| ESTATURA: | 1.65m ❷ |
| PESO: | 55kg ❷ |
| RAZA: | blanca |
| OJOS: | marrones |
| PELO: | rizado ❸ |
| NARIZ: | pequeña |
| NOMBRE DEL PADRE: | Roberto Cervantes Aguirre |
| EMPLEO: | arquitecto ❹ |
| NOMBRE DE LA MADRE: | Ana Guerra Ríos |
| EMPLEO: | ama de casa |

**✎ A** Copy the form and complete it with your details.

**TIPS**

❶ Write the date using the following formula: *El* (day) (date in numbers) *de* (month) *de* (year in numbers): *El jueves 19 de mayo de 2001*. Note that the days of the week and the months of the year do not start with a capital letter.

❷ Give your height in metres and your weight in kilograms. Use the abbreviations given.

❸ Give your hair length (*corto*), colour (*pelirrojo/a*) and type (*rizado*).

❹ You can make up all this information, but be realistic. See the professions list. ▷ D1

**✎ B** Your Spanish teacher has asked your penfriend some questions about her family.
- *¿Cuántas personas hay en tu familia?*
- *¿Cómo son? (Menciona dos aspectos físicos y dos características.)*
- *¿Tienes animales?*

Here are her replies:

*Mi familia no es muy grande. Hay ❶ cinco personas. Mi madre es delgada y alta. Tiene el pelo largo y rubio y los ojos azules. Es muy guapa. Mi padre no es muy alto pero es fuerte. Tiene el pelo gris y los ojos marrones. Es gordito y alegre ❷ como mi hermana. Ella también tiene el pelo rubio y corto, y es guapa. ❸ Mi hermano es bajo e inteligente. ❹ Tenemos un caballo grande y blanco. Lo queremos mucho.*

**✎ C** Now you write about your family.

**TIPS**

❶ Use the word *hay* (there is/are).

❷ Make maximum use of adjectives to describe physical features and characteristics. Do not repeat them.

❸ Write simple sentences and make use of *y* (and), *pero* (but), *también* (also), *como* (as).

❹ Remember that some adjectives (e.g. *alegre*) have the same form when describing both masculine and feminine nouns.

**AYUDA**

| Mi nombre es... | Mi apellido es... |
|---|---|
| Me llamo... | Tengo 15 años. |

| Soy | italiana. |   | Soy | simpático/a. |
|---|---|---|---|---|
|  | de Italia. |  |  | tímido/a. |
| Mi nacionalidad es italiana. | | ▷ E1 | | ▷ B6 |

| Tengo | el pelo | negro. | |
|---|---|---|---|
|  | los ojos | negros. | ▷ B4 |

| Mi padre | es | médico. | ▷ D1 |
|---|---|---|---|
|  |  | simpático. | ▷ B6 |
|  | tiene | el pelo rubio. | |

| En mi familia | hay cuatro personas. |
|---|---|
|  | somos mi madre, mi padre.... |

## 4 What animal?

▶ While you are in Spain, you play a guessing game involving animals. You have to write descriptions of the following animals and your exchange partner has to guess what they are.

*Ejemplo:*      *Es vieja ❶, es muy baja y redonda, es marrón ❷.*

**TIPS**
❶ *La tortuga* (tortoise) is feminine, so the adjectives used to describe it are in the feminine form.
❷ Make use of the adjectives you know. Three or four are enough. Use the adjectives you are familiar with as well as adverbs such as *muy, bastante, poco, un poquito* to make their meaning even clearer.

## 5 Lost pets

▶ Look at this poster about a lost cat:

**¿SABE USTED DÓNDE ESTÁ MI GATO? ❶**

| | |
|---|---|
| **NOMBRE:** | Panecillo ❷ |
| **COLOR:** | Marrón y gris |
| **EDAD:** | 2 años |
| **CARACTERÍSTICAS:** | Siamés, travieso, muy bonito y pequeño ❸ |
| **RECOMPENSA:** | 1.000 ptas. (6 euros) ❹ |
| **TELÉFONO:** | 96 57 15 182 |

🖋 While you are in Spain, your exchange partner has lost his pet. Help him to design a poster to find it.

*Ésta es la información que debes dar.*
- *¿Qué buscas?*
- *¿Cómo se llama?*
- *¿Qué clase o tipo, raza?*
- *¿Principales características? (Menciona tres.)*
- *¿Recompensa?*
- *¿A qué hora y cómo se pueden poner en contacto contigo?*

**TIPS**
❶ You could use the same title or simply, *¿Dónde está?* or *¿Tiene usted a mi gato?* Keep it simple.
❷ Remember that the animal's name will be in Spanish.
❸ You could give the animal's colour, shape, character or characteristics, breed, kind, etc.
❹ For the reward (*recompensa*) you could offer euros. Find out the exchange rate before your exam.

**CHECKLIST**
✓ Remember to put the title on the poster.
✓ Give the fullest description (colour, breed, size, temperament, etc.) you can.
✓ Remember to offer a reward in pesetas or euros.

## 6 Sporting likes and dislikes

▶ In your Spanish class, you have interviewed two classmates to find out which sports they like and which they dislike.

Your findings were: Amy hates football but likes tennis. She loves swimming. Peter loves swimming. He plays football twice a week but dislikes tennis.

🖋 Write down in Spanish Peter's and your own likes and dislikes.

*Ejemplo:*

| | |
|---|---|
| Amy : | *detesta el fútbol pero le gusta el tenis. A ella le encanta nadar.* |
| Peter: | |
| You: | |

**TIPS**
● You can use *practicar* with any sport and *jugar* (to play) with games such as *baloncesto, tenis, atletismo.*
● Remember *a + el = al* (*juego al rugby*). (See AYUDA on page 25.)

**AYUDA**

| Él Ella | es | muy bastante | grande. pequeño/a. simpático/a. | ▷ B4 ▷ B6 |
|---|---|---|---|---|

| Él Ella | come ladra duerme bebe ronronea | poco. mucho. muchísimo. poquísimo. |
|---|---|---|

| Él Ella | es | dócil. feo/a. travieso/a. | ▷ B4, B6 |
|---|---|---|---|

| Él Ella | tiene | las patas los ojos la cola las orejas | grande(s). pequeño/a(s). |
|---|---|---|---|

| Él Ella | tiene | los ojos las patas | negros. marrones. | ▷ B7 |
|---|---|---|---|---|

| Lo La Los Las | quiero. adoro. |
|---|---|

| Me gustan No me gustan Detesto | los animales. los canarios. los perros. | ▷ B16 |
|---|---|---|

| Juego | con | él ella | todo el tiempo. por las noches. después del colegio. antes del colegio. | ▷ B2 |
|---|---|---|---|---|

| No me gusta Me gusta | practicar el tenis. jugar al tenis. | ▷ B11 |
|---|---|---|

| No juego | con | él ella | nunca. |
|---|---|---|---|

# 7 Sports and activities

▶ In a Spanish magazine you find a competition you would like to enter. You have to list the sports or activities that you can do indoors, outdoors, or both. Read the grid.

## ¿ADENTRO O AFUERA?

| DEPORTE | ADENTRO | AFUERA | AMBOS |
|---|---|---|---|
| La gimnasia | | | X |
| El ciclismo | | X | |
| El ajedrez | X | | |
| Los vídeojuegos | X | | |

✏ **A** Now write your own list on your own grid. Mention four different activities.

✏ **B** Now add four different sports to the grid.

✏ **C** Write a short paragraph about a variety of sports and activities, saying whether you like them or not. Start with: *Me gusta...*

CHECKLIST

✓ Remember to put the definite article (*el, la*) in front of the word.
✓ Have you used a variety of words to describe your likes and dislikes? (*me encanta/n, adoro, detesto, me gusta/n…*)

# 8 Writing letters

▶ This is the beginning of the letter your Spanish penfriend, Paco, has sent, in which he has answered your questions. You asked him the following:

- *¿Te gusta la música? ¿Qué tipo?*
- *¿Coleccionas algo? ¿Cómo es tu colección?*
- *¿Qué intereses tienes? ¿Te gusta leer?*
- *¿Qué deportes te gustan?* ❶

¡Hola Peter!
    Soy tu amigo por correspondencia, ❷ Paco. ¿Qué tal? Te escribo para contestar tus preguntas ❸ y contarte un poco de mí. Me encanta la música rock. Compro uno o dos discos cada semana. También me gusta coleccionar sellos y billetes. Tengo de muchísimos países. Me gusta leer pero solamente novelas de misterio. ¡Mi abuela dice que voy a ser un detective! Me encantan el baloncesto y la natación. Son fenomenales ❹ y a ti, ¿qué te gusta?

    Paco

**TIPS**

❶ You could use any of the above questions when writing to your penfriend.

❷ Remember to open your letter with *¡Hola!* or *¿Qué tal?* and identify yourself.

❸ Say thank you for your letter (*gracias por tu carta*), or say why you are writing (*te escribo para +* infinitive).

❹ Mention two or three things that you like. Use a variety of verbs and include one or two details (*Detesto el fútbol, es horrible;* or *Camino mucho, es un ejercicio bueno*).

✒ Now you write a similar letter, answering the same questions, but giving your own information.

# 9 Going to places

✒ **A** You are staying in Majorca. The following people ask your advice. Tell them where to go.

*Ejemplo:* An elderly gentleman who is interested in monuments: *a la oficina de turismo.*

A couple who want to buy postcards.
Two women who want to sunbathe.
A young man who wants to see a bullfight.
Two youths who are carrying tents.
A woman with an upset stomach.

**TIPS**

● To indicate "to" a place, just write *a + la* or, if masculine, *al* ( *a+ el = al*).

▶ Mary has sent Melissa this note:

¿Vamos al cine, Melissa? ❶ Están poniendo
una película muy buena ¿Te gustaría ir el martes?

Mary.

Here is Melissa's reply:

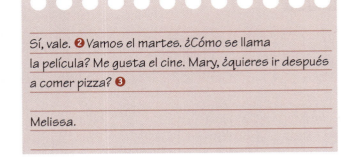

Sí, vale. ❷ Vamos el martes. ¿Cómo se llama
la película? Me gusta el cine. Mary, ¿quieres ir después
a comer pizza? ❸

Melissa.

✒ **B** Now look at your friend's timetable and write a note similar to Mary's. Ask two questions and give an opinion.

| | |
|---|---|
| lunes: | 4–6 clase de ballet |
| martes: | estudiar para el examen |
| miércoles: | cumpleaños de la abuela |
| jueves: | |
| viernes: | |
| sábado: | fiesta de Ana |
| domingo: | ir a la iglesia |

✒ **C** Write an answer to your own note, including an opinion and a question.   ▷ B8

**TIPS**

❶ When issuing a general invitation, you use *¿vamos a la/al…?; ¿Quieres ir a la/al…?* or *Te gustaría +* infinitive form of the verb + activity: *¿te gustaría ir de compras?*

❷ In acceptance, you could reply: *está bien; de acuerdo.*

❸ Use Spanish words for names of places in town (e.g. *plaza de toros*). If you have to use a brand or shop name, say what sort of place it is (e.g. *al lado **del restaurante** McDonalds*).

**AYUDA**

| ¿Te gustaría ¿Quieres | ir | a un museo? a visitar a María? |
|---|---|---|

| ¿Coleccionas | algo? |
|---|---|
| No colecciono | nada. |

| ¿Vamos | al cine? de compras? |
|---|---|

# 10 An invitation

▶ You have arranged to go out with your Spanish penfriend but you have a few jobs to do first. You leave a note for her explaining what you are doing.

- *Explica lo que tienes que hacer y por qué.*
- *Explica lo que vas a hacer después y con quién.*
- *Invítala a ella.*
- *Organiza la reunión y la hora.*

Querida amiga:
Tengo que ir ❶ a la estación de tren ahora porque mi hermana va a llegar ❷ en el tren de las once. Después voy a ir a comer algo con ella y su novio. ¿Quieres venir ❸ con nosotros? Nos encontramos al lado del museo❹ a la una y media ¿Vale?

TIPS
❶ Remember *tengo que* (I have to [do something] ) is always followed by an infinitive (*comer, hablar…*).
❷ To express future plans you need to use *ir + a + infinitive* (*vamos a cenar con…*)
❸ Use *querer* + infinitive to invite somebody, i.e. to ask what he or she wants to do (*¿quieres venir?*).
❹ In your note, use a different preposition (*detrás de, enfrente de, en*) and place in the town. ▷ B14

✎ Now write a similar note, including some of the following things that you have to do:

Visit grandparents, go shopping, buy a present, invite someone to have a drink with you in a café, tidy your bedroom, do the ironing…

# 11 Finding a job

▶ Your family has moved to live in a Spanish-speaking community and you want some extra pocket money. You see this example of someone advertising their services in a supermarket:

Soy Conchita. Tengo 15 años. ¿Necesita usted ❶ ayuda los sábados y los domingos?. Puedo lavar ❷ su coche, hacer su ❸ compra, cortar el césped, llevar al perro de paseo: hago de todo. Llamar ❹ por favor al 3077300.

TIPS
❶ To ask a question you put the verb first, then the pronoun. *¿Quiere usted…? ¿Necesita usted…?*
❷ Use *puedo / sé* + infinitive (I can / know how to) in order to make clear the things that you can do.
❸ Use *su/s* when talking about someone else's things (formal) (e.g. *su coche* ) and *tu/s* when talking about things belonging to your friend or a member of your family.
❹ The infinitive form (e.g. *llamar al teléfono*) is normally used for instructions in adverts or public notices. The polite imperative (*llame al teléfono*) can also be used.

✎ Make a poster advertising your services. Include: name, age, jobs you can do, timetables and contact number.

---

**AYUDA**

| ¿Nos vemos ¿Nos encontramos | en la plaza detrás de la estación enfrente del teatro | a las cinco? por la tarde? al mediodía? ▷ B14 |
|---|---|---|

| Por la mañana A las tres Después de desayunar | voy a quiero tengo que | ir salir comprar | al mercado. ▷ C1 al parque. un par de zapatos. ▷ C9 |
|---|---|---|---|

| Por la mañana Por la tarde | iré al aeropuerto. escucharé música. |
|---|---|

| ¿Necesita ¿Quiere | ayuda | en su casa? con su niño? |
|---|---|---|

| Puedo Sé | planchar. cortar el césped. ▷ A7 |
|---|---|

| Por favor | llamar llame | al teléfono. |
|---|---|---|

# 12  My autobiography

▶ *Vas a terminar el colegio pronto, y tu profesora de español te ha pedido que escribas tu autobiografía para ponerla en el salón de recepciones del colegio. Contesta las preguntas.*

- *¿Cómo te llamas? ¿Qué edad tienes? ¿Cuándo es tu cumpleaños?*
- *Describe tu físico, tu carácter y tu temperamento.*
- *Escribe de tu familia y describe a dos personas de tu familia.*
- *¿Qué te gusta? y ¿Qué te molesta? ¿Por qué?*
- *¿Qué hiciste la semana pasada?*
- *¿Qué vas a hacer en el futuro?*

### CHECKLIST

✓ Is the information requested about you, your personality and your temperament complete?

✓ Have you given details about two members of your family?

✓ Have you mentioned your likes or dislikes and the reasons for these?

✓ What tense do you use to indicate something that you did last week?

✓ What are you asked about the future? Which tense do you use?

✓ Have you added some more information of your own?

Me llamo Richard Steel. Tengo 16 años. Mi cumpleaños es el 17 de septiembre. Soy alto, delgado, de piel clara. Tengo los ojos verdes y el cabello marrón. Soy bastante extrovertido y me gusta mucho pasármelo bien. Tengo tres hermanos: una hermana mayor que se llama Sharon y tiene 18 años, y dos hermanos menores que se llaman Andrew y Jeremy. Mi padre es un hombre grande y fuerte y trabaja de actor. Mi madre no vive con nosotros. Ella es bonita, elegante y muy divertida. Me gusta ir con ella de compras porque ❶ me compra todo lo que necesito. La última vez compramos una chaqueta fabulosa. No me gusta salir con mi padre porque todo el tiempo ❷ quiere ir a museos o a conciertos. ¡Qué aburrido! Mi padre conoce a mucha gente y siempre está hablando con todos sus amigos. ¡Esto lo detesto! Salimos de casa temprano y regresamos muy tarde. Siempre me pierdo los partidos de fútbol en la tele. Después de terminar el ciclo ❸ pienso ❹ estudiar Turismo ❺ en la universidad.

### TIPS

❶ *Porque* joins shorter sentences together and makes it clear you are giving a reason. *Pero, y* or *o* are also useful for joining shorter sentences together.

❷ Use expressions of time, such as *siempre, todo el tiempo, nunca* to give emphasis to your reasons.

❸ *Ciclo* is the last two years of secondary school.

❹ To describe the future, you can use *Voy a* + infinitive, or the future tense or the present tense of some verbs, e.g. *Pienso/ quiero/ espero* + infinitive.

❺ Remember that to pass your exam, you do not have to tell the truth! You can use your imagination with the Spanish you know. (See AYUDA on page 29.)

✎ **A**  Now write your own autobiography.

▶ *En España conociste a Mari Carmen. Ella te ha escrito y te hace unas preguntas.*

*... y ¿tú tienes hermanos o hermanas? ¿Te llevas bien con ellos? ¿Son mayores o menores? Yo tengo dos hermanos pero son mayores que yo y no viven en casa. ¿Tienes muchos amigos? ¿Quién es tu mejor amigo? ¿Cómo es? ¿Hacéis muchas cosas juntos? Mi mejor amiga es Conchi. Ella es muy inteligente y toca el piano muy bien. Me encanta el piano. El mes pasado fuimos a un concierto y este fin de semana iremos a una discoteca. ¿Qué vas a hacer tú este fin de semana? ¿Has ido alguna vez a una discoteca?*
*Abrazos,*
*Mari Carmen*

✎ **B**  *Escribe a Mari Carmen una carta en español, dando la siguiente información:*

- *una descripción de tu familia*
- *con quién te llevas bien y por qué*
- *una descripción de tu mejor amigo/a*
- *qué hiciste con él/ella la semana pasada*
- *cuáles son tus planes para la próxima semana.*

*Pregunta:*
- *algo sobre su familia.*

**AYUDA**

| Me llevo | bien / mal | con | mis padres. / mis hermanos. / mi familia. |

| No entiendo | a | mis padres. / mis hermanos. |

| No me gusta / Me gusta | nada / mucho | mi hermano. / mi padre. |

| Ella / Él | está | siempre / casi siempre / todos los dias | de mal humor. / enfadado. / alegre. | ▷ B6 |

| Lo / La | quiero mucho. |

| Este fin de semana / El martes / Durante las vacaciones | vamos a | ir al cine. / salir. / visitar a Ana. | ▷ B2 |

| Mi mejor | amigo/a | es | muy / bastante | simpático/a. |

| Le | conocí | en casa de un amigo. / en el colegio. / en la piscina. | ▷ B14 |

| ¿Qué hace / ¿Trabaja / ¿Cuál es la profesión de | tu | padre? / madre? |

| La semana pasada / Ayer / Este lunes | visité un museo. / fuimos de compras. / hemos ido a la biblioteca. | ▷ B13 |

## 13  The prize

▶ *Recibes una carta de tu amigo Fernando.*

*¿Recuerdas el billete que compraste en la fiesta del pueblo? Bueno, te has ganado una bicicleta preciosa y...*

✎ *Escribe una respuesta a Fernando.*
*Escribe sobre:*
- *Tu reacción a la noticia.*
- *Por qué el premio es importante para ti.*
- *Tu solución para poder recibir el premio.*
- *Quien puede ayudarte.*

Querido Fernando:
Gracias por tu carta. ¡Qué felicidad! ¡Qué alegría tengo! No lo puedo creer ❶. Siempre he querido una bici, pero nunca he tenido ❷ suficiente dinero para comprar una. El año pasado trabajé los sábados para comprar ❸ una, pero no gané suficiente dinero. ¿Qué tengo que hacer ahora? ¿Puedes tú recibir el premio? ¿Te tengo que enviar algo? Yo puedo enviar una carta de mis padres si ❹ la ❺ necesitas. Mi padre puede hablar con tu padre. ¿Vale? ¿Tú crees que te la darán? ¡Escríbeme pronto!
Philip

**TIPS**

❶ Here are some expressions to show your reaction to the news.
❷ You can say why having something makes you happy or sad: *siempre he querido... nunca he tenido...*; ("I've always wanted ... I've never had ...")
❸ Remember that *para* means in "in order to" and it is followed by an infinitive, e.g. *para comprar...*
❹ Remember that *sí* (with accent) means "yes"; *si* (without accent) means "if".
❺ To avoid repeating the word *carta* in the phrase, you can replace it with a direct object pronoun (here it is *la*): *si la necesitas (si necesitas la carta). ...¿crees que te la darán?* (*¿...crees que te darán la carta?*)

**AYUDA**

| ¡Qué felicidad! | ¡Qué lástima! |
| ¡Qué contento estoy! | ¡Qué pena! |
| ¡Qué alegría! | ¡Qué terrible! |
| ¡Qué bien! | ¡Qué horror! |

| Trabajé | para comprar | una bici. |
| Estudié | para aprender | a hablar. |

Si quieres, hablo con mi padre.
Si necesitas, te envio una carta.

# 14 A telephone message

► *Estás en casa de tu amigo Paco y su abuelo llama por teléfono para invitar a todos a un partido de fútbol. Tu amigo no está en casa.*

✏ *Escribe un mensaje en español para tu amigo. Contesta las siguientes preguntas:*

- *¿Quién ha telefoneado? ¿Cuándo?*
- *¿Para qué?*
- *¿Cuándo es el partido?*
- *¿A qué hora comienza?*
- *¿Harán algo después?*
- *¿Dónde se encontrarán?*
- *¿A qué hora?*

*Pregunta:*
- *algo sobre el partido.*

## TIPS

❶ You can start the note with an informal greeting (*¡hola!*) or simply the person's name.
❷ Because the phone call has been made recently, use the Perfect tense (*ha telefoneado a las tres*) to relay the message.
❸ As the football game has not yet started, use the Future tense.
❹ Remember that *gustaría* means "would like" and is used to offer something to someone. The pattern is: pronoun + *gustaría* + infinitive (*¿te gustaría ir al cine?*).
❺ *El Real Madrid* is a football team.

### AYUDA

| Tu abuelo ha telefoneado | hoy. esta tarde. |
| --- | --- |

| Dice Ha dicho | que hay un partido de fútbol | hoy. esta tarde. |
| --- | --- | --- |

▷ B2, B3

| El partido | comenzará empezará | a la una. a las seis. |
| --- | --- | --- |

| Nos | veremos encontraremos | enfrente de la iglesia. en el parque. |
| --- | --- | --- |

▷ B14

*¡Hola Paco!* ❶
*Tu abuelo ha telefoneado* ❷ *a la una de la tarde y ha dicho que hay un partido de fútbol esta tarde. Él ha comprado entradas para todos. El partido comenzará* ❸ *a las seis de la tarde. Dice que nos encontraremos enfrente de la catedral a las cinco y cuarto. Después del partido tu abuelo quiere ir al bar. Quiere saber si nos gustaría ir* ❹ *con él. ¿A tu familia le gusta el Real Madrid?* ❺

*Robert.*

## 15 A famous person

▶ *En una revista española ves este anuncio para un concurso.*

### ¡GANA UN EQUIPO DE SONIDO!

Para participar, haz la descripción de una persona famosa. Puede ser un/a cantante, un actor o actriz, un/a deportista.

Menciona su nombre, su edad, su nacionalidad y su profesión. ¿Cómo es él/ella? ¿Por qué lo/la admiras? ¿Qué sabes de su pasado? ¿Por qué ha tenido éxito? ¿Cuáles son sus planes para el futuro?

Envíalo a: Concurso Personaje, Calle Sagasta, No 220, Madrid.

#### CHECKLIST

✓ Either choose a living person who is easy to write about or invent someone. You do not have to tell the truth about him/her – what counts is that you write accurate Spanish!

✓ Before you start your task, make a list of the things you will have to give information about.

### GOLDIE HAWN

Es una actriz y directora de cine de los Estados Unidos. ❶ Nació en 1946 pero tiene una apariencia muy joven. Antes de ser actriz Goldie era bailarina go-go. ❷ Me encanta esta actriz porque es muy divertida y simpática y cuando veo sus películas me río mucho. Recibió ❸ un Oscar por ser la mejor actriz en la película *La flor del Cactus*. Es una mujer muy baja y delgada y tiene el pelo rubio. Sus ojos son azules claros, muy grandes y muy bonitos. Tiene una risa muy cómica. Todas las películas que hace son muy buenas pero mis favoritas son las películas de *Police Academy* (*Private Benjamin*). Estas películas tuvieron tanto éxito que los productores hicieron muchas de este tipo. Lo bueno de Goldie Hawn es que no importa cuál es el tema de la película: ella siempre te hace reír. ❹ Se casó dos veces y tiene tres hijos que no son pequeños. Tienen

más de 18 años. Desde 1986 vive con un actor que se llama Kurt Russell. Yo creo que ella seguirá ❺ en el cine por mucho tiempo y hará muchas más películas cómicas.

#### TIPS

❶ Refer to the section on nationalities and remember to use the correct adjectival endings, e.g. *italiano/a*. ▷ E1

❷ Use the Imperfect tense to describe the person physically if he/she has already died, e.g. *Tenía el pelo rubio y sus ojos eran grandes…*, or to describe a previous occupation, e.g. *era bailarina…*.

❸ Use mainly the Preterite tense to talk about what he/she did, e.g. *Actuó en…*, *Recibió un…*.

❹ Remember the importance of developing points and giving full details and opinions.

❺ To talk about future plans, use the Future tense, e.g. *Ella seguirá en el cine…*.

✎ Now write a description for the competition of somebody famous whom you admire.

### AYUDA

| Me fascina | el cine. |
|---|---|
| Me interesa | el arte. |

▷ B12

| Ella | recibió | un Oscar. |
|---|---|---|
| Él | ganó | un premio. |

# 16 Holidays

▶ *Lees esta historia en una revista de jóvenes.*

❶ Este año mi padre decidió que era buena idea ir de vacaciones al pueblo donde él pasó todas sus vacaciones con mis abuelos. Después de varios días de preparaciones y discusiones sobre lo que podíamos llevar, todos estábamos listos para partir. El viaje resultó bastante cómodo y no muy largo. Cuando llegamos al pueblo nuestros abuelos nos esperaban. Él llevaba una chaqueta vieja a cuadros y la abuela, como siempre, estaba muy elegante. Demasiado elegante, yo creo. Eran ya viejos y no como yo los recordaba, ❷ fuertes y activos. Por la noche, después de hablar y de reírnos muchas horas, planeamos el itinerario. Cada uno dijo qué lugar quería visitar y entre todos organizamos una excursión. Duraría ❸ cuatro días.

Al día siguiente, muy temprano, salimos con nuestras tiendas de campaña. Una, para los abuelos; otra, para mis padres; y una, pequeña y nueva, para mi hermano y yo. La de mis padres y la de mis abuelos eran las mismas que ellos utilizaron en todas sus vacaciones, ¡viejísimas!

Los tres primeros días, acampamos en los mismos lugares que mi padre cuando era niño; a orillas del río y en el valle. Todos los días cocinábamos ❹ al aire libre, y por las noches cantábamos alrededor del fuego. Durante el día pescábamos; dos veces comimos ❺ pescado para la cena. También fuimos varias veces a buscar otros animales para comer, pero desafortunadamente, nunca encontramos nada. El abuelo cantaba siempre unas canciones muy viejas y la abuela y mi madre lo acompañaban. Mi padre simplemente los miraba sonriendo. El último día no hicimos nada en especial, empacamos todo y tomamos algunas fotos. De regreso a casa, en el coche, planeamos nuestras próximas vacaciones. Desde entonces no he visto a mis abuelos pero les he escrito muchas cartas. ❻ Yo creo que éstas fueron las mejores vacaciones que he tenido en mi vida. ❼

▮ A  *Describe ahora en español tus mejores vacaciones.*

*Menciona:*
- *los preparativos antes de salir de vacaciones (menciona dos detalles)*
- *el viaje (menciona dos detalles)*
- *a dos de las personas que compartieron las vacaciones contigo*
- *qué hiciste durante tus vacaciones (menciona por lo menos tres detalles)*
- *tu opinión sobre estas vacaciones.*

▮ B  *Escribe sobre tus últimas vacaciones que resultaron catastróficas. Este año no repetirás el mismo error.*

### TIPS

❶ Set out your article in paragraphs, contrasting what you did before and after you left.
❷ Use the Imperfect tense to describe the people you saw or how things or people used to be, e.g. *Eran ya viejos y no como yo los recordaba....*
❸ Use the Conditional tense to refer to how things should or would be, e.g. *duraría cuatro días.*
❹ Use the Imperfect tense to describe what you used to do every day or regularly during the holiday, e.g. *Cada día íbamos a la playa.*
❺ Use the Preterite tense to describe actions with a definite beginning and end, e.g. *dos veces comimos pescado, fuimos a buscar...; no encontramos nada; empacamos todo; tomamos fotos.*
❻ Remember to mention a link between the holiday described (past) and your life now (present), e.g. *desde entonces no he visto a mis abuelos....* For this purpose, use the Perfect tense.
❼ Give an opinion: *yo creo que...; yo pienso que...; para mí....*

### AYUDA

| Después de | varios días<br>muchos meses | de pensar adónde ir...<br>de preparaciones... |
|---|---|---|

| El viaje<br>El vuelo | fue<br>resultó | muy | bueno.<br>largo. |
|---|---|---|---|

| De regreso<br>A la vuelta | estábamos cansados.<br>planeamos las próximas vacaciones. |
|---|---|

| Desde entonces | nos hemos visto dos veces.<br>nos hemos hablado.<br>no he vuelto allí. |
|---|---|

# 17  Asking a favour

▶ *Pasaste unos días en casa de una amiga española de tu madre. Ahora quieres que ella te suscriba a una revista.*

> *Manchester, el 17 de enero de . . .* ❶
>
> *Estimada Sra. Guzmán:* ❷
>
> *Estoy muy agradecida por los días tan fenomenales que pasé con Vd.* ❸ *y su familia. Aprendí mucho español y creo que voy a obtener una buena nota en mi examen de fin de año.*
>
> *Cuando termine el colegio seguiré estudiando español para sacar mi "A-level". Mi profesor dice que tengo que leer mucho durante las vacaciones. El problema es que aquí en Inglaterra no venden muchas revistas en español para chicas de mi edad.*
>
> *¿Podría Vd. hacerme un favor?* ❹ *Quisiera recibir alguna revista que tenga información sobre deportes, libros, artistas. ¿Podría Vd. suscribirme? Si Vd. me dice el precio mi padre le puede enviar un cheque, o dar el dinero a su nieta cuando venga.*
>
> *De nuevo, muchas gracias por todas sus atenciones. Mis padres le envían muchos recuerdos.*
>
> *A la espera de sus noticias, le saluda atentamente,* ❺
>
> *Yasmín*

✏ **A**  *Escribe una carta en español a la señora Guzmán. Comienza y termina tu carta de una manera formal.*

*Menciona:*
- *algo sobre tus estudios de español en este momento*
- *algo que quisieras hacer con tu español en el futuro*
- *por qué estás escribiendo la carta*
- *qué quieres (menciona dos cosas).*

- *Pide algo a la persona a quien escribes.*
- *Explica cómo vas a pagar.*
- *Da las gracias por algo.*

**TIPS**

❶ The date is written in the top right-hand corner of the letter and is normally preceded by the place where the letter is being written.

❷ In a formal letter, when the person is known to you, write: *Estimado/a (s)   Sr/Sra/Sres…*

❸ When writing a formal letter in Spanish, you use the form *Usted* (*Ud.* or *Vd.*) or *Ustedes* (*Uds.* or *Vds.*).

❹ To ask for a favour, use: *Podría Vd./Podrían Vds…*

❺ To close a formal letter, use any of the following: *Le(s)/La(s) saluda atentamente* or *En espera de su pronta respuesta,* or simply, *Atentamente.*  ▷ p9

✏ **B**  Now you write a similar letter asking for information about any of the following:

- A new holiday course in Spanish.
- A Spanish city.
- A particular Spanish book.
- A holiday camp.

**AYUDA**

| ¿Puede Vd. ¿Podría | enviarme mandarme suscribirme a | alguna revista? |
|---|---|---|

| De nuevo le agradezco | su favor. sus atenciones. |
|---|---|

# 3 The world around us

- Home town, local environment and customs
- Finding the way
- Shopping
- Public services
- Getting around

## 1 In town

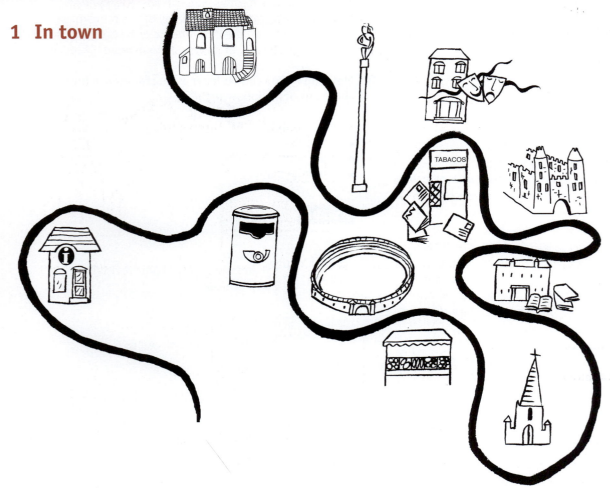

**A** The map shows the way to the villa where you are staying. Name the 10 places you pass on the way. The first one has been done for you.

1. *La Oficina de Turismo*
2. _____
3. _____
4. _____
5. _____

**B** Pedro has some things to do. Where should he go (answer in Spanish)?

to buy some fruit?  *El mercado*

to borrow a book to read?  _____

to pray?  _____

to get a map of the town?  _____

to post a letter?  _____

to buy a stamp?  _____

## 2 Visitor information

**A** You are helping to design a brochure featuring your Spanish penfriend's village in Spain. Prepare a paragraph of text to go in the brochure.

*Escribe la siguiente información:*
- *¿Cómo es el pueblo? (Menciona tres detalles.)*
- *¿Qué lugares puedes visitar?*
- *¿Qué días y a qué horas hay trenes?*
- *Menciona un detalle extra sobre el pueblo.*

Villanueva es un pueblo muy pequeño, antiguo y muy turístico.❶ Aquí hay ❷ una iglesia muy interesante, una fuente, y un pequeño museo.❸ Hay trenes todos los días por la mañana y por la tarde.❹ En enero se celebran los carnavales ❺ de las flores.

**TIPS**

❶ Use adjectives such as: *grande, histórico, interesante.*
❷ Remember that you can use *tenemos* or *tienen* as well as *hay.*
❸ Mention the most important places of interest.
❹ Expressions of time such as *por la mañana, por la tarde, todos los lunes* will make your information more precise. ▷ A15, B2
❺ Don't forget to mention when local carnivals or festivals take place. ▷ B1

**B** Now design a brochure about your own town, or a town you know.

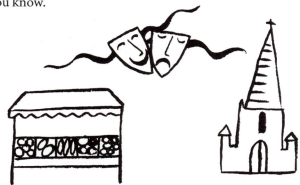

### AYUDA

| El pueblo La ciudad | es | antiguo/a. histórico/a. bonito/a. |
|---|---|---|

| En enero Siempre | hay | carnavales. festivales. |
|---|---|---|

| Hay Tenemos Tienen | muchas iglesias. un museo. una discoteca. |
|---|---|

| Hay | un tren | todos los días. los lunes y viernes. por la mañana. | ▷ B2 |
|---|---|---|---|

| Venden Hacen | muñecas españolas. vino muy bueno. |
|---|---|

## 3 The weather

**A** This is part of the weather forecast for the week in Europe. Write down what the weather is like today and what it will be like tomorrow for each place.

| Hoy | | Mañana |
|---|---|---|
| Londres | | 6°C |
| Viena | 7°C | |
| Moscú | | |
| París | | |
| Málaga | | 35°C |

*Ejemplo:*
*En Londres, hoy hay niebla. Mañana va a hacer frío.*

**B** Write a postcard to a friend who lives in Madrid. Describe today's weather and give the weather forecast for your area for the next three days.

## 4 Party time

▶ You and your Spanish penfriend are designing a poster to advertise a neighbourhood party, on 6 January – *Reyes Magos* (Epiphany).

*Escribe la siguiente información. Usa cada vez una frase en español.*
- *El día de la semana, la fecha y la hora de la fiesta.*
- *¿Qué van a hacer?*
- *¿Dónde tomará lugar si hace mal tiempo?*
- *¿Dónde tomará lugar si hace buen tiempo?*
- *¿Qué deben traer a la fiesta para beber?*
- *¿Qué deben traer a la fiesta para comer?*
- *¿Qué deben traer como regalo?*

### EL 6 DE ENERO - DÍA DE LOS REYES MAGOS

| | |
|---|---|
| ¿Cuándo?: | El martes 6 de enero a las tres de la tarde ❶ |
| Si hace mal tiempo: | En el ayuntamiento |
| Si hace buen tiempo: | Enfrente de ❷ la plaza de Córdoba |
| Traer: | Horchata, sangría o limonada; tortilla española o bocadillos ❸ |
| Regalo: | Algo para un niño o una niña de 1 a 6 años ❹ |

**TIPS**

❶ This is how to give the day, the date and the time in Spanish. ▷ B1
❷ If it is an outdoor party you could say *enfrente de* or *al lado de* or *detrás de*. ▷ B14
❸ You could think of something typically Spanish, such as *tapas* (snacks), *flanes* (caramel custard), *horchata* (tiger-nut milk), *sangría* (sweet drink consisting of oranges, lemons, lemonade and red wine). ▷ A8-13
❹ You could specify what to take as a present, e.g. *caramelos, muñecas*.

**A** Now you design a poster for a special occasion, e.g. *el día de la amistad* (Friendship Day), *el día de los enamorados* (St. Valentine's Day).

**B** Design a poster for a festival. Here are some dates: *San Juan – 23 de junio por la noche* (Midsummer's Day); *Las Fallas* (Fire Festival) in Valencia – *19 marzo*.

**AYUDA**

| Traer | unos bocadillos, una botella de … |
|---|---|

▷ A8-A13

| Si hay viento… Si llueve… | Si hace frío… Si hace mal tiempo… |
|---|---|

▷ C6

# 5 Street signs

✐ **A**  When you arrive in Segovia you see the following street signs. Can you name them in Spanish?

*Ejemplo:*  1 *El camping*

# 6 Following directions

▶  You want to go shopping and your Spanish penfriend has drawn a map with some written instructions to help you to get to the shopping centre.

*Estás en la calle Oliva, sigue ❶ todo recto y toma la primera a la izquierda y luego la segunda a la derecha. Cruza la plaza, sigue todo recto hasta el semáforo ❷ y al final de la calle está el centro comercial. ❸*

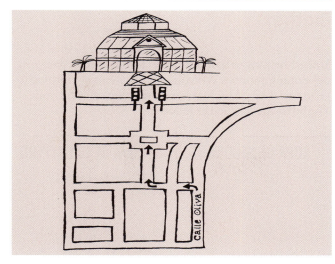

✐  Now you can draw a map and give directions to a Spanish friend from a hotel to the following places in your own or an imaginary town:

**a)** the chemist
**b)** the post office
**c)** the park
**d)** the campsite

### TIPS

❶ Use the familiar imperative form of the verb, e.g. *sigue, toma, cruza, pasa, sube, baja* for people you know. For people you don't know, use the polite form of the imperative, e.g. *siga, tome, cruce, pase, suba, baje*.
❷ Use landmarks in your directions, e.g. *el semáforo, la plaza, el puente, la fuente*... ▷ C1
❸ Remember *hasta* means "up to" and *al final de la calle* means "at the end of the street".

**AYUDA**

| | | |
|---|---|---|
| Baja<br>Sube | la calle | hasta el parque.<br>hasta el semáforo.  ▷C1 |

| | | |
|---|---|---|
| Cruza | la calle.<br>la plaza.<br>el puente.  ▷C1 | |

| | | | |
|---|---|---|---|
| Toma | la primera<br>la segunda<br>la tercera | a la | izquierda.<br>derecha.  ▷C5 |

| | | |
|---|---|---|
| El centro comercial | está | al final de la calle.<br>al otro lado de la plaza.<br>a la derecha/a la izquierda.<br>a 100 metros.<br>allí.  ▷C1 |

## 7 Clothes

✎ **A** You are helping to sort out some clothes to send to a developing country. Write down four items of clothing to go in each box. In each case one has been done for you. The boxes are labelled as follows:

**ROPA DE SEÑORA**

la blusa

**ROPA DE CABALLERO**

la corbata

**ROPA PARA INVIERNO**

los guantes

**ROPA PARA VERANO**

la camiseta

✎ **B** Now add as many other articles as you can to each list.

## 8 My taste in clothes

▶ Your Spanish penfriend wants to send you a present but needs some ideas. Write her a note telling her what kind of clothes you like. Do not forget to include the colour, the shape, and your size.

*Escribe una frase en español para cada pregunta.*
- *¿Qué tipo de ropa prefieres?*
- *¿Cuál es tu color preferido?*
- *¿Cuál es tu talla?*
- *¿Te gustan los jerseys?*
- *¿Qué llevas para las fiestas?*

*Pregunta:*
- *algo sobre la ropa.*

---

*Querida Pili:*

       *Gracias por tu carta.* ❶ *Me gusta* ❷ *mucho la ropa. Me gustan los vaqueros. Los jerseys me encantan pero solamente me gustan muy grandes.* ❸ *Mi color preferido es el azul. Mi talla es la 36. Para las fiestas, prefiero llevar unos pantalones modernos* ❹ *y una camiseta bonita. Y a ti ¿qué te gusta? Quisiera* ❺ *también comprar algo para ti.*

       *Un abrazo,*
       *Laura*

✎ Now write a letter similar to Laura's with your own details.

**CHECKLIST**
- ✓ All the questions need to be answered.
- ✓ Mention the items, the colours and the styles you like.
- ✓ Give the European size for the article of clothing you want.
- ✓ Mention the clothes for special occasions.
- ✓ Ask a question.

**TIPS**
❶ To acknowledge a letter you could say: *Recibí tu carta, gracias* or *muchísimas gracias por tu carta*.
❷ You could also use: *me encanta la ropa* or *me fascina la ropa*.
❸ You could mention the material the clothes are made of, e.g. *de lana, sintéticos, de algodón*. ▷ C10
❹ You could name your favourite clothes here, e.g. *un vestido corto, una minifalda, unos pantalones oscuros…* ▷ A3
❺ You could say *quiero…*, or *me gustaría también comprar…*, or *me encantaría…*

**AYUDA**

| Muchas gracias | por la carta. |
| Muchísimas gracias | por tu carta. |

| Detesto | | |
| Me aburre | | |
| Me encanta | la ropa | de lana. |
| Me fascina | | de algodón. |
| Prefiero | | |

▷ C9, C10

# 9 Shopping lists

▶ You have been given the following shopping list with 10 items on it.

| | |
|---|---|
| 1/2 kilo de jamón | una tarta |
| una barra de pan | una caja de aspirinas |
| una docena de plátanos | un CD |
| pañuelos de papel | un abanico |
| un kilo de gambas | unas sandalias |

🖊 **A** Before you go out, write down the name of the shop where you can buy each item.

*Ejemplo*:
*una novela – la librería*

🖊 **B** Now note down two more items you could buy in each shop, mentioning the quantity or packaging of each item as appropriate. ▷ A13

# 10 Party fare

▶ You and your Argentinian penfriend who is staying with you are organising a party. You cannot get to the shops, so you have left a note asking her to go instead.

*Escribe la siguiente información en español.*
- *¿Qué necesita comprar para la fiesta?*
- *¿Qué debe comprar para beber?*
- *¿Adónde tiene que ir para comprar todo?*
- *¿Dónde están las tiendas?*

*Pregunta:*
- *algo sobre sus gustos.*

> Querida Carmela:
> Para la fiesta de esta noche necesitamos: 3 kilos ❶ de patatas, una docena de huevos, dos cebollas, ajo y una botella de Coca-Cola. Esto lo puedes comprar en la tienda de comestibles. Para ir allí, sales de casa y tomas la primera a la derecha. Sigues todo recto, tomas la primera a la izquierda hasta el semáforo. ❷ La tienda está enfrente ❸ de la panadería. ¿Te gustan las galletas? ❹ Puedes comprar un paquete si quieres.
> Gracias.
> Sally.

**TIPS**
❶ Try to help Carmela by being precise about quantities or packaging. ▷ A13
❷ Give simple but clear directions from your house. ▷ C5
❸ You could say shops are "near", " next to" or "between" other shops or places in the town. ▷ C1
❹ Let Carmela choose something herself!

🖊 Now you can write your own message, and draw a map to go with your directions.

---

**AYUDA**

| La panadería la carnicería | está | delante al lado | de la farmacia. del supermercado. | |
|---|---|---|---|---|
| | | entre | la farmacia y la frutería. | ▷ C1, C5 |

| La tienda de comestibles | está | un poco más lejos. después de la parada de autobuses. en la primera calle a la izquierda. en la calle de San Gregorio. | ▷ C1, C5 |
|---|---|---|---|

# 11 Transport

✏ Look at the following modes of transport. Classify them from the fastest to the slowest. Some of them may be difficult to place! The list has been started for you.

1. *el avión*
2. _____

# 12 Travel

▶ Your penfriend has sent you a fax with directions about how to get to his house from the airport in Madrid.

**FAX**

Peter:

Es muy fácil llegar a mi casa. En el aeropuerto tomas un autobús (salen cada 20 minutos) o un taxi hasta la estación de autocares. Allí ❶ compras un billete para Salamanca. Después tomas el autocar número 17, delante de la estación. El viaje dura 2 horas.❷ En Salamanca puedes llamarme por teléfono y yo te voy a buscar. ¿Vale?

Alejandro.
¡Ah!❸ ¿Puedes traer tu raqueta de tenis?

Escribe las respuestas para las siguientes preguntas:
- ¿Qué medio de transporte puedes usar para ir a la estación de autocares?
- ¿Dónde compras los billetes?
- ¿Qué autocar tomas? ¿De dónde sale?
- ¿A qué hora sale y a qué hora llega el autocar a Salamanca?
- ¿Qué haces al llegar a Salamanca?

Pregunta:
- algo a tu amigo.

**TIPS**

❶ To give instructions to a friend, you can also use the familiar imperative form of the verb: *compra, toma,* etc.
❷ You could also say: *el autocar tarda … en llegar* or say at what time the coach leaves and at what time it arrives: *el autocar sale a las dos y llega a las cinco.*
❸ The expression *¡Ah!* is used when you almost forget to say something.

✏ Now you send written and pictorial instructions to Alejandro so that he can find his way from the nearest airport to your own home or an imaginary holiday home.

**AYUDA**

| Toma Tomas | el autocar un taxi el metro | a la estación. |
|---|---|---|

▷ C3

| En la estación | de metro de tren de autocares | compra compras | un billete. |
|---|---|---|---|

| El viaje | dura | 2 horas. |
|---|---|---|

| El tren El autobús El vuelo | sale llega | a las tres. |
|---|---|---|

# 13 My town

▶ *Un amigo por correspondencia español te hace algunas preguntas sobre tu ciudad, los atractivos y el tiempo. Éste es su correo electrónico.*

From:     pedromart@mad19.com.es
Date:     el 15 de julio
To:       rose.morgan@worry.co.uk
Subject:  tu ciudad

**Querida Rose:**
¿Dónde vives exactamente? ¿Estás contenta de vivir en tu pueblo? ¿Por qué? ¿Qué hay para los jóvenes allí? ¿Qué puedes hacer en tu pueblo cuando hace mal tiempo? ¿Qué no te gusta de tu pueblo? ¿Qué tiempo hizo la semana pasada? ¿Qué hiciste el fin de semana pasado? ¿Qué harás este fin de semana?
Contesta pronto,
**Pedro**

From:     Rose
Date:     18 July
To:       pedromart@mad19.com.es
Subject:  mi ciudad

**Querido Pedro:**
Hace seis meses que vivo ❶ en un pueblecito pequeño a 40 minutos de Londres. Me fascina mi pueblo porque es muy pequeño, antiguo y turístico.❷ Tiene un río muy bonito y muchas casas muy viejas. He hecho muchos amigos y todos los fines de semana vamos al cine ❸ juntos. Vamos a una ciudad que está cerca,

porque en mi pueblo no hay nada para los jóvenes. Creo que es un problema muy importante.❹ El horario de autobuses es muy irregular. Sólo hay autobuses cada hora y no hay por la noche.

Ahora hace buen tiempo pero la semana pasada hizo mucho viento y mucha niebla. Cuando hace mal tiempo, hay siempre cosas que hacer en la ciudad. Por ejemplo, el fin de semana pasado fuimos ❺ a ver un partido de fútbol y después fuimos a patinar sobre hielo. Por la tarde, a las siete fuimos a comer hamburguesas. ¡Me gustan mucho! Este fin de semana no voy a hacer ❻ nada, pero el siguiente iremos a Londres a un concierto de música rock. Y tú, ¿qué haces ❼ los fines de semana? Tú vives cerca de los Pirineos ¿verdad? ¿Te gusta caminar? Contesta pronto.
Tu amiga,

**Rose**

## TIPS

❶ You could say how long you have been living there. Use *hace … que* + present tense.
❷ Remember to give two or more pieces of information.
❸ Mention the kind of amenities your town has or lacks. ▷ B13
❹ This is one way of giving your opinion about something. ▷ B8
❺ Use the Preterite tense to express what you did in the past.
❻ Use the Immediate Future (*ir + a +* infinitive) or the Future tense, to say what you are going to do at the weekend.
❼ Note how easy it is to ask questions using, *Y tú, ¿qué …?*

🖊 Now reply, as Rose has done, to Pedro's e-mail, describing what it's like to live in your home town.

## AYUDA

| Hace seis meses que | vivimos en el llegamos al | pueblo. |
|---|---|---|

| Yo creo que | el tiempo es terrible. el polideportivo es bueno. | ▷ B8 |
|---|---|---|

| Es | una ciudad grande e industrial un pueblo pequeño y turístico | con | casi 10.000 menos de 10.000 más de 10.000 | habitantes. |
|---|---|---|---|---|

# 14  An invitation

▶ Recibes una invitación de tu amigo español.

Mis padres y yo vamos a ir este invierno a esquiar al Valle del Cadí. ¿Quieres venir con nosotros? Vamos a celebrar la Navidad allí. Mis padres tienen un pequeño chalé. ¿Crees que podrás ir? Nosotros estaríamos muy contentos de tenerte aquí.

Contesta pronto.

Tu amigo,

Miguel

Escribe una respuesta a Miguel en español.
Responde:
- que tú aceptas la invitación.

Menciona:
- cómo y cuándo vas a viajar
- qué ropa vas a llevar
- qué regalos vas a dar a la familia de tu amigo.

Pregunta:
- dos cosas sobre la Navidad
- dos cosas sobre el tiempo.

¡Hola Miguel!

Muchas gracias por tu invitación. ¡Es fantástico! Me gusta mucho el esquí pero no sé esquiar. Me parece fabuloso ❶ pasar la Navidad contigo y tu familia. Hay un vuelo el 20 de diciembre a Barcelona y sale a las 9.20 de la mañana. ¿Podría tu madre o tu padre ir a buscarme al aeropuerto? ¿Hace mucho frío ❷ en el

Valle del Cadí? ¿Crees que nevará ❸ durante la Navidad? Me imagino que hay muchísima nieve. Voy a llevar conmigo dos jerseys de lana y una chaqueta de invierno. ¿Vale? Vosotros celebráis el 24 ❹ por la noche ¿no? Aquí celebramos el 25 con una comida con pavo y verduras y muchas otras cosas. Le he comprado a tu madre unos guantes de piel, a tu padre una corbata y a tu hermano un libro de misterio. ¿Tú, qué quieres?

Abrazos,

Philip

## TIPS

❶ This is one way of saying "it will be great". ▷ B8
❷ *Hace* is used in many expressions describing weather. ▷ C6
❸ Use the Future tense to find out what the weather will be like when you are there.
❹ You could ask about Christmas traditions such as food, presents, Christmas decorations, church.

✎ **A** Now you write a letter (instead of Philip) accepting Miguel's invitation. Give your own reaction to the invitation, talk about your own arrangements and ask your own questions.

✎ **B** Write a letter inviting a friend to spend Christmas with you and your family. Tell your friend how you normally celebrate.

### AYUDA

| Gracias / Muchas gracias / Muchísimas gracias | por | tu invitación. / tu carta. |
|---|---|---|

| Me gustaría / Me parece fantástico / Me encantaría / Me hace ilusión | pasar las vacaciones contigo en España. |
|---|---|

| Puedo / Podría | ir / viajar | en avión | de Londres a Barcelona. |
|---|---|---|---|

| Le he comprado | a tu madre / a tu hermana | un regalo. |
|---|---|---|

| ¿Qué tiempo | hace / hará | en España? / mañana? | ▷ C6 |
|---|---|---|---|

| Lamento no poder aceptar la invitación pero este año vamos a Grecia. |
|---|

# 15 A trip to Spain

▶ *Recibes una postal de tu amigo español.*

¡Hola Julie!

      ¿Cómo estás? ¿Has terminado tus exámenes? Te escribo para saber si ya sabes qué día vas a venir a España. ¿Cómo viajarás? ¿En coche o en avión? ¿Vienen tu hermana y tus padres o solamente tus padres?

      Mi familia y yo iremos a Tarragona primero y después a Sevilla. Allí estaremos hasta el 18. Dime cuando llegaréis y mi padre os mostrará el camino para llegar a la casa del pueblo.

      Contéstame pronto,
      Juan

✏ Escribe una respuesta en español a Juan.

Menciona:
- algo de tus exámenes
- cómo vas a viajar a España y por qué
- el horario del viaje
- lo que harás al llegar a Sevilla
- si tu familia ha visitado el sur de España antes.

Querido Juan:

      Muchas gracias por tu carta. Ahora sí estoy tranquila porque he terminado los exámenes ❶ y todo ha ido bien. Ya hemos comprado los billetes para ir a veros. Este año no iremos en coche porque es un viaje muy largo. Mi padre no quiere conducir porque dice que hace mucho calor. Sólo iremos mis padres y yo. Mi hermana pasará ❷ las vacaciones en Italia. Saldremos el lunes 18 de junio a las nueve y media de la mañana hora local. ❸ El vuelo sale de Heathrow y va directo a Málaga. En Málaga tomaremos un autobús para Sevilla. ¿Podrá tu padre venir a buscarnos en la estación de autobuses en Sevilla? Te llamaremos desde allí. Mis padres nunca han estado ❹ en el sur de España. ¡Están contentísimos! Mi madre se ha comprado un bikini muy bonito.

      Espero tu respuesta.
      Un abrazo,
      Julie

## TIPS

❶ Use the Perfect tense to talk about exams because you will only recently have finished them.

❷ Use the Future tense to talk about the holiday that hasn't happened yet.

❸ *Hora local* means "local time".

❹ Use the Perfect tense here because it links the past with the present (Julie's parents have never been to the south of Spain until now).

✏ Now reply to Juan's postcard giving details of your own travel plans and family details.

## AYUDA

| He terminado He presentado | mis exámenes los exámenes | y | me ha ido bien. han salido bien. |
|---|---|---|---|

| Saldremos Llegaremos | el 18 de junio. | ▷ B1 |
|---|---|---|

| Ya hemos | comprado los billetes reservado los asientos | para el avión. |
|---|---|---|

| ¿Puede ¿Podrá | tu padre tu madre | venir a buscarnos | en la estación en el aeropuerto | a las cinco? | ▷ C1 |
|---|---|---|---|---|---|

# 16 Left behind

► *Durante tus vacaciones en Ibiza perdiste tu bolso, con muchas cosas dentro, en el hotel. Escribes una carta al gerente del hotel.*

*Contesta las preguntas siguientes:*
- *¿Cuándo estuviste en el hotel?*
- *¿Con quién?*
- *¿Qué perdiste?*
- *¿Dónde lo pusiste?*
- *¿Qué tenía dentro?*

*Describe:*
- *el bolso (al menos dos detalles)*
- *el contenido (al menos dos detalles)*
- *cómo el hotel puede devolver el bolso.*

Estimado Señor Gerente: ❶

El mes pasado, mis padres y yo estuvimos en su hotel durante cuatro noches, del 22 al 25 de julio.❷ Nos quedamos en la habitación ❸ número 5. Teníamos muchas maletas y creo que cuando salimos del hotel dejé mi bolso rojo ❹ encima de una silla en la recepción.❺ Había mucha gente y no me di cuenta ❻ que no lo tenía conmigo hasta que estábamos en el autobús. En el bolso, tenía algunas cosas importantes: dos fotos de mi familia; 2000 pesetas en un monedero marrón, y un reloj rojo de plástico, marca Swatch. Yo creo que la recepcionista probablemente lo vio y lo recogió. ¿Podría Vd. preguntarles a sus empleados si lo han visto? Si lo encuentra, haga el favor de mandármelo a mi dirección.

Atentamente le saluda,
Jessica Miles

## TIPS

❶ Remember it is a formal letter, so choose the appropiate way to start and finish. ▷ p6-9
❷ Notice how to give the exact period you were there: *durante cuatro noches del 22 al 25 de julio.*
❸ If you cannot remember the room number, you could say which floor.
❹ You could give the colour or material it is made of, or describe the contents. ▷ B7, C9, C10
❺ Describe where you left something, using a preposition + an item of furniture, e.g. *encima de la silla, al lado del pupitre.* ▷ A5
❻ *No me di cuenta* means "I did not realise".

✎ Now you write a letter like Jessica's asking for something you have left behind to be returned.

Choose one of the items below:
- a portable radio
- some keys
- a camera

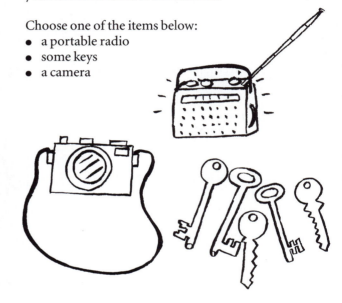

---

**AYUDA**

| El mes pasado | mis padres | | | su hotel | |
|---|---|---|---|---|---|
| La semana pasada | mis amigos | y yo | estuvimos en | su camping | durante cuatro noches. |
| El año pasado | mis compañeros | | | su albergue juvenil | |

| Creo que | dejé | mi bolso | encima de una silla. | | Es | de piel. |
|---|---|---|---|---|---|---|
| | olvidé | mi reloj | en el armario. | | | de oro. |
| | | | | | | de marca Swatch. ▷ C10 |

| Creo que | la recepcionista | lo vio. | | Si lo encuentra haga el favor de | mandármelo. |
|---|---|---|---|---|---|
| | la camarera | lo encontró. | | | comunicármelo. |
| | | | | | enviármelo. |

## 17 Lost property

▶ You are staying in a holiday camp and you have mislaid your bag. You report the incident to Reception and they ask you to write a small ad to be placed on the notice-board.

*Escribe la siguiente información:*
- *¿Qué perdiste?*
- *Menciona de qué material está hecho.*
- *Describe el objeto. (Escribe dos detalles.)*
- *¿Perdiste algo más?*
- *¿Dónde y cuándo perdiste el objeto?*
- *¿Hay recompensa?*
- *¿Qué hay que hacer si se encuentra el objeto perdido?*

### ARTÍCULOS PERDIDOS ❶

DESAPARECIDA❶: Bolsa de tela verde. Es grande y nueva.❷ Contiene un pasaporte inglés, una cámara, un monedero y unas gafas.❸ Perdida en la lavandería el martes por la tarde.❹ Hay recompensa.❺ Dirigirse a ❻ INFORMACIÓN en la colonia de vacaciones. Hablar con el Sr. Duarte.

### TIPS

❶ Remember that adjectives (here, past participles used adjectivally) change their endings depending on whether the noun they describe is masculine or feminine, singular or plural.
❷ Remember to give two details.
❸ Mention at least two different items, if relevant.
❹ Say where and when you lost the object.
❺ *Recompensa* means "reward". If you like, you can give an amount here.
❻ *Dirigirse a* is used to indicate whom to contact if you find the lost property.

✎ Now look at the drawing. Write a similar advertisement for this lost rucksack.

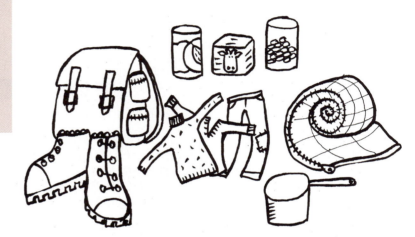

### AYUDA

| Desaparecido/a Perdido/a | bolso reloj jersey cámara de fotos | de tela de acero de lana | verde azul negro/a | grande y nuevo/a bonito/a viejo/a pequeño/a | en el metro. en el restaurante. en el cine. en el tren. |
|---|---|---|---|---|---|

▷ B7, C1, C10, E4

| Contiene | una película de 36 fotos. unas gafas y un pasaporte. |
|---|---|

| Informar Dirigirse | al teléfono 622 961542. a la recepción. |
|---|---|

# 18 Town versus country

▶ *En una revista española lees estos comentarios escritos por jóvenes sobre el tema: "La vida en el pueblo y en la ciudad".*

> *"Yo vivo en una finca. Está lejos de todo pero me gusta mucho. Si quieres ir al cine o de compras tienes que ir a la ciudad que está a 5 km."*

> "Vivir en la ciudad es terrible. Hay mucho ruido, muchos coches, mucha gente, demasiados turistas. Es mejor vivir en el campo."

> *"Mis padres y yo vivimos en las afueras de la ciudad en un edificio muy alto. No tenemos parques ni diversiones. Tienes que tomar un autobús para ir al centro de la ciudad."*

> "Vivo en un pueblecito muy pequeño cerca de las montañas. Sólo tenemos dos autobuses al día pero cuando llueve o hay nieve no tenemos transporte. En el invierno pasamos muchas horas en casa."

> *"Yo vivo en un barrio muy elegante de la ciudad donde la mayoría de las personas son mayores. No me gusta porque no podemos hablar ni encontrarnos con nuestros amigos en la calle para charlar."*

> "Vivo en un barrio de la ciudad donde hay muchos problemas: drogas, desempleo. Los edificios están sucios y las calles también. Detesto vivir allí."

✎ *Continúa escribiendo sobre uno de los dos temas a continuación. Menciona los siguientes puntos:*
- *las tiendas*
- *el ocio*
- *la naturaleza y el ambiente*
- *el transporte público*
- *los amigos*
- *la salud.*

**Tema 1** "Vivir en un pueblo pequeño es mejor que vivir en la ciudad porque ..."

**Tema 2** "Vivir en la ciudad es más divertido porque..."

TIPS

- Make a list of things you might mention for each theme to help you to decide which one to write about.
- Adapt the ideas in the letter extracts above.
- Give examples to illustrate your views, e.g. say what happened yesterday, what you plan to do at the weekend, etc.
- Finish by saying something general about the way things have changed, developments in the future, etc.

**AYUDA**

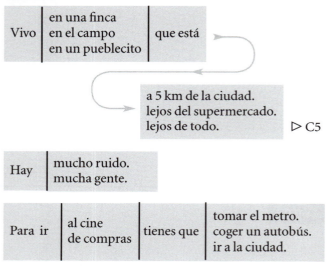

| Vivo | en una finca<br>en el campo<br>en un pueblecito | que está |
| --- | --- | --- |

| | a 5 km de la ciudad.<br>lejos del supermercado.<br>lejos de todo. | ▷ C5 |
| --- | --- | --- |

| Hay | mucho ruido.<br>mucha gente. |
| --- | --- |

| Para ir | al cine<br>de compras | tienes que | tomar el metro.<br>coger un autobús.<br>ir a la ciudad. |
| --- | --- | --- | --- |

▷ C3

# 19  The accident

▶ *Tú y tu amigo fuisteis testigos de un accidente en la calle.*

*Escribe un resumen en español para la policía de lo que ocurrió y dibuja un plano del accidente.*

*Explica:*
- *por qué estabas en el lugar del accidente.*

*Describe:*
- *lo que hacías en el momento del accidente*
- *el tiempo que hacía en ese momento*
- *cómo se produjo el accidente*
- *tu reacción.*

*Responde a estas preguntas:*
- *¿Hubo heridos?*
- *¿Qué pasó después del accidente?*
- *¿Qué hicieron el policía/el veterinario?*

*El jueves pasado, como hacía muy buen tiempo,* ❶ *mi amigo Pedro y yo fuimos de compras a la Avenida Central. Cuando llegamos al cruce, nos paramos para cruzar la avenida.* ❷ *De repente vimos un coche. En vez de parar en el paso para peatones, el coche se saltó el semáforo en rojo.* ❸ *En ese momento apareció una señora con su perro. Desgraciadamente el coche chocó con* ❹ *el animal. Mi amigo y yo corrimos a ayudar a la señora. El perro no se movía y la señora lloraba mucho. Alguien llamó a la policía. El perro estaba* ❺ *herido. Después de unos diez minutos llegaron un veterinario y un policía. El conductor*

*del coche estaba muy nervioso pero no estaba herido. Mientras* ❻ *el policía hablaba con los testigos, el veterinario metió el perro en su coche. Él nos dijo que el animal estaría bien en una semana o dos.*

## TIPS

❶ Use the Imperfect tense to describe the weather at the time of the accident.
❷ Remember to give two details of the events leading up to the accident, e.g. "We came out of the music shop, walked up the street ..." using the Preterite tense.
❸ You could mention what the driver was or was not doing, did or did not do, e.g. was driving too fast, was using a mobile phone (Imperfect tense), did not stop at the lights, did not indicate, did not pay attention (Preterite tense).
❹ *Chocó con* (Preterite of *chocar*) means "collided with", "hit".

❺ Use the Imperfect tense to describe the state or condition of people, animals or vehicles involved in the accident.
❻ To indicate that two actions were happening at the same time, you could use *mientras*, "while".

✎ **A**  Write an account of a different accident that you yourself witnessed.

✎ **B**  Draw a sketch of this accident as in the example.

## AYUDA

| | | |
|---|---|---|
| Estaba esperando la luz verde Íbamos a cruzar la calle Estabamos parados | cuando | un coche pasó velozmente. el coche se saltó la luz roja. un coche chocó con un perro. |

| | | |
|---|---|---|
| Desgraciadamente Desafortunadamente | el coche chocó | contra un árbol. con el animal. con otro coche. |

| | |
|---|---|
| El conductor del coche | no paró. frenó rápidamente. iba muy rápido. tenía su teléfono móvil. |

| | | |
|---|---|---|
| Mientras el policía | investigaba hablaba | la señora lloraba. el veterinario miraba al perro. |

| | | |
|---|---|---|
| Había | llovido. nevado. niebla. hielo en la calle. | ▷ C6 |

| | | |
|---|---|---|
| Hacía | mucho calor. mucho frío. | ▷ C6 |

| | | |
|---|---|---|
| Hacía | mal tiempo. buen tiempo. | ▷ C6 |

# 20 Festival

▶ *Encuentras este artículo en la revista del colegio español de tu amiga. Se trata de una fiesta española.*

Las Fallas son un festival muy famoso y espectacular en España que se celebra cada año en Valencia durante una semana. Esta tradición se originó hace muchos años cuando los carpinteros hacían hogueras con los restos de madera que no les servían. Con el tiempo se utilizaron otras cosas para las hogueras, como muñecos que hacían burla a las personas o cosas que la gente conocía. Cada vez más y más gente participaba en la hoguera. Las Fallas van desde el 13 al 19 de marzo y se celebran construyendo muñecos gigantescos hechos de papel, madera o cera. Los valencianos los construyen durante un año en grupos de personas del mismo barrio o de la misma calle. Los muñecos, también llamados "Ninots", se muestran en las calles y en la fiesta de San José, el 19 de marzo, durante esa noche, se queman.
Los "Ninots" son figuras satíricas y simbólicas, parecidas a las caricaturas, que representan personajes populares de todo el mundo (artistas, presidentes, cantantes, etc...). Los "Ninots" son muy grandes, de muchos colores, muy adornados y muy caros. Mucha gente de Valencia trabaja todo el año solamente preparando estas figuras; éste es su único empleo. Durante una semana los valencianos participan en los desfiles, miran los fuegos artificiales, escuchan la música, bailan en las calles los bailes típicos de la región y hacen un reinado, donde nombran a la reina del festival. También escogen el mejor "Ninot" de ese año. Este "Ninot" no se quema y lo guardan en un museo gigantesco. El año pasado el "Ninot" que ganó era el de mi cantante favorito pero no me gustó la chica que nombraron como reina.

✎ *Escribe un artículo para la misma revista sobre el tema: "Las fiestas tradicionales de Gran Bretaña".*

*Contesta estas preguntas:*
- *¿Cómo se llama la fiesta?*
- *¿Cuáles son los orígenes de esta fiesta?*
- *¿Dónde y cuándo se celebra esta fiesta?*
- *¿Qué hay para comer y beber durante la fiesta?*
- *¿Se llevan vestidos tradicionales?*
- *¿Qué hay de entretenimiento?*

*Describe:*
- *qué te pasó el año pasado.*

**TIPS**
- If you cannot write about a local festival, you could choose a national one, such as Guy Fawkes' Night, or a carnival, such as Notting Hill.
- Attractions might include traditional music and dancing, handicrafts or a funfair.
- Describe something that you especially remember happening at last year's event, such as your sister winning the best costume prize. This can be real or imagined.

**AYUDA**

| Es | una fiesta<br>una tradición | que se | hace<br>celebra | cada | año<br>tres años | en | España.<br>Inglaterra. | ▷ B2 |

| Esta | fiesta<br>tradición<br>celebración | se originó<br>empezó | hace | tres años.<br>muchos años. |

| La(s) fiesta(s)<br>La(s) celebración(es)<br>La(s) festividad(es)<br>El(Los) carnaval(es) | va(n)<br>dura(n) | desde el 13 al 19 de marzo. | ▷ B3 | Los valencianos<br>Los ingleses | miran los fuegos artificiales.<br>escuchan la música.<br>bailan en las calles.<br>hacen un reinado. |

| Mucha gente<br>Muchas personas | trabaja<br>trabajan | todo el año<br>parte del año | preparando<br>organizando | el carnaval.<br>la celebración. |

| Durante una semana<br>Por unas días | los valencianos<br>los ingleses | participan<br>toman parte | en el desfile.<br>en el carnaval. |

# 4 The world of work

**Area of Experience D** The topics covered in this unit are:

- Further education and training
- Advertising and publicity
- Careers and employment
- Communication

## 1 Job ads

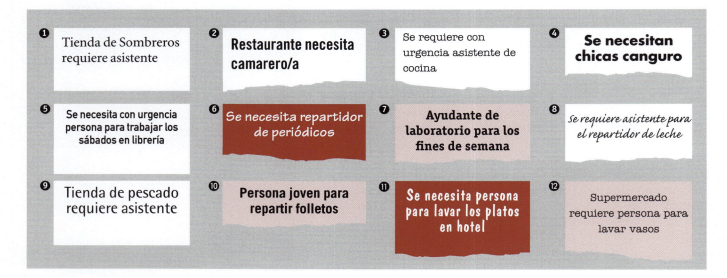

❶ Tienda de Sombreros requiere asistente

❷ **Restaurante necesita camarero/a**

❸ Se requiere con urgencia asistente de cocina

❹ **Se necesitan chicas canguro**

❺ Se necesita con urgencia persona para trabajar los sábados en librería

❻ Se necesita repartidor de periódicos

❼ **Ayudante de laboratorio para los fines de semana**

❽ Se requiere asistente para el repartidor de leche

❾ Tienda de pescado requiere asistente

❿ **Persona joven para repartir folletos**

⓫ **Se necesita persona para lavar los platos en hotel**

⓬ Supermercado requiere persona para lavar vasos

**A** Look at the part-time jobs advertised above. In Spanish, state two jobs that you might like to do, and two that you would definitely not apply for.

| Me gustaría ✓ | No me gustaría ✗ |
| --- | --- |
| un empleo en un hotel | |

**B** Now see how many of the remaining advertised jobs you can list in English.

## 2 Kinds of work

For each of the categories of work listed below, try to find four different jobs. You can use your dictionary and your imagination for the last category!

trabajo al aire libre

_cartero_

trabajo tratando con gente

trabajo en uniforme

trabajo soñado

# 3 Job application

▶ Look at the job adverts again on page 50. Imagine you are applying for one of those jobs while you are in Spain. You decide to fill in a form to register your interest and experience.

| | |
|---|---|
| Empleo: | dependiente |
| Apellido: | Raleigh |
| Nombre: | Shaun |
| Fecha de nacimiento: | 6 de agosto de 1985 |
| Lugar de nacimiento: ❶ | Bradford |
| | Inglaterra |
| Carácter | responsable, serio ❷ |
| Experiencia previa: | camarero ❸ |
| Conocimiento de idiomas: | inglés, español |
| Pasatiempos: | ciclismo, guitarra |
| Cuando puede empezar: | a partir del 1 de julio ❹ |
| Número de contacto: | tfno/fax 44 1252 943107 |

**A** Now choose one of the part-time jobs on page 50, then copy and complete the form with details about yourself.

**TIPS**

❶ Place of birth.
❷ Give a couple of your positive qualities.
❸ Say if you have previous work experience. If you have no previous experience, write: *ninguna*.
❹ Use *a partir del …* ("from") when stating from which date you could start.

**B** Choose a different part-time job and fill in the form on behalf of one of your friends.

# 4 Future plans

▶ You are writing to your Spanish penfriend, and in your letter you say what plans you have for the future.

*Escribe una frase en español para contestar cada pregunta.*
● *¿Cuáles son tus asignaturas preferidas en la escuela?*
● *¿Qué te gusta hacer en tu tiempo libre?*
● *¿Qué te gustaría hacer en el futuro?*
● *¿Dónde quieres trabajar?*
● *¿Cuál es la profesión que menos te gusta?*
● *¿Por qué?(Da dos razones.)*

*Mis asignaturas preferidas en la escuela son la informática y las ciencias. En mi tiempo libre, me gusta jugar ❶ al baloncesto y voy tres veces a la semana ❷ al gimnasio. Me gustaría trabajar como médico ❸ en un hospital ❹ importante. Pero no quiero trabajar como enfermera; es una profesión muy ❺ mal pagada.*

**TIPS**

❶ Remember to use *jugar* for sports and *tocar* for musical instruments.
❷ Say how often you do something in your spare time (*una vez, dos veces a la semana*).
❸ Many jobs done by women have a feminine ending in -*era* or -*a*, but not *médico*.  ▷ D1
❹ You can say where you want to work (*en un hospital, en una tienda*) or what job you want to do (*como médico, de dependiente*).  ▷ D2
❺ *Muy* means "very" and adds meaning to the adjective, *pagada*.

▶ Now you write a reply describing your own plans.

---

**AYUDA**

| | | | |
|---|---|---|---|
| Me gusta | | dependiente/a. | |
| No me gusta | ser | ingeniero/a. | ▷ D1 |
| Me gustaría | | | |
| No me gustaría | | | |

| | | | |
|---|---|---|---|
| | | con niños. | |
| | | al aire libre. | |
| No quiero | trabajar | de profesor. | |
| Quiero | | como azafata. | |
| | | en un bar. | ▷ D2 |

| | | | |
|---|---|---|---|
| Quiero | | en un banco. | ▷ D2 |
| Quisiera | trabajar | de dependiente/a. | |
| No quiero | | como enfermera. | |
| Nunca quisiera | | como secretaria. | |

# 5 School and future

▶ *Recibes una postal de Ivan, un amigo español.*

> *¿Te gusta tu nuevo colegio? ¿Cuántas asignaturas tienes? Y de tus exámenes, ¿qué? ¿Cuándo comienzan? ¿Vas a dejar el colegio o continuarás con tus estudios?*
>
> *Un abrazo,*
> *Ivan*

*Escribe una respuesta a Ivan.*
*Describe:*
● *tu nuevo colegio.*

*responde a estas preguntas:*
● *¿De cuántas asignaturas te vas a examinar?*
● *¿Cuándo presentarás tu primer examen?*
● *¿Qué harás después de los exámenes?*
● *¿Qué quieres hacer en el futuro? ¿Por qué?*
● *¿Qué trabajo no te gustaría hacer en tu vida? ¿Por qué?*

*Pregúntale a Ivan:*
● *algo sobre sus planes para el futuro.*

> Querido Ivan:
>
> Ahora estudio en un colegio muy grande y moderno cerca de Londres. Tiene casi 1.500 alumnos. ❶ Yo estudio diez asignaturas. Son muchas, ¿verdad?. Mi primer examen, la geografía(¡uf!), será el 3 de mayo. ❷ Después de los exámenes pasaré dos semanas en España con mis compañeros. Yo voy a dejar el colegio ❸ definitivamente. Quiero estudiar informática para después trabajar como programadora. Pero primero quiero viajar. Me encanta viajar y conocer otros países. Sobre todo, no quisiera ❹ trabajar en una compañía grande porque es difícil hacer amigos. Y tú, ¿que harás en el futuro? ¿Quisieras trabajar en el extranjero?
>
> Contéstame pronto.
> Vicky

## TIPS

❶ You could mention the school's size, buildings, or position in the town.
❷ Say when the first exam is, then add more detail, e.g. which subject or when the last one is.
❸ You can say you want to carry on studying (*seguir estudiando*), that you want to leave school (*dejar el colegio*), or go to a training college (*ir a un instituto de Formación Profesional*)
❹ Here you have to say what you definitely do not want to do (*sobre todo, no quiero* or *quisiera…*).

✎ Now you write a reply giving information about your future plans.

---

**AYUDA**

| El año que viene<br>Después de los exámenes | quiero | viajar un poco.<br>continuar con mis estudios/seguir estudiando.<br>dejar el colegio.<br>ir a un instituto de Formación Profesional. |
| --- | --- | --- |

| Me gustaría | ir | a la universidad | para estudiar<br>para hacer | químicas.<br>económicas.<br>una carrera. |
| --- | --- | --- | --- | --- |

| Pero sobre todo no quiero | regresar al colegio.<br>trabajar en una compañía.<br>trabajar con niños.<br>trabajar en el extranjero. |
| --- | --- |

| Me gustaría | hacer | un curso | de turismo.<br>de informática.<br>de diseño. |
| --- | --- | --- | --- |

## 6 Summer job

▶ *Buscas un trabajo para el verano en España. Lee este anuncio:*

> Buscamos chico/chica para trabajar en verano en una tienda de deportes.
> Más información: Pedro Martínez Roca. La Casa Deportiva, Avda. de los Pinos, 74, San Antonio Abad, 28041 Madrid.
> Tfno: 91 257 13 08; e-mail: Centradeport@mejor.es

*Responde a las preguntas en español.*

- *¿Dónde viste el anuncio?*
- *¿Qué tipo de persona eres? (Escribe por lo menos tres detalles sobre tu carácter.)*
- *¿Por qué te interesa este empleo en España? (Da dos razones.)*
- *¿Has trabajado antes? ¿Qué trabajo has hecho?/¿Qué experiencia has tenido?*
- *¿Cuánto tiempo puedes permanecer en España?*

*Pregunta sobre:*

- *los horarios de trabajo*
- *la vivienda.*

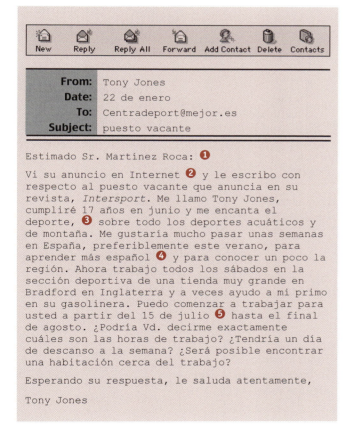

**From:** Tony Jones
**Date:** 22 de enero
**To:** Centradeport@mejor.es
**Subject:** puesto vacante

Estimado Sr. Martínez Roca: ❶

Vi su anuncio en Internet ❷ y le escribo con respecto al puesto vacante que anuncia en su revista, *Intersport*. Me llamo Tony Jones, cumpliré 17 años en junio y me encanta el deporte, ❸ sobre todo los deportes acuáticos y de montaña. Me gustaría mucho pasar unas semanas en España, preferiblemente este verano, para aprender más español ❹ y para conocer un poco la región. Ahora trabajo todos los sábados en la sección deportiva de una tienda muy grande en Bradford en Inglaterra y a veces ayudo a mi primo en su gasolinera. Puedo comenzar a trabajar para usted a partir del 15 de julio ❺ hasta el final de agosto. ¿Podría Vd. decirme exactamente cuáles son las horas de trabajo? ¿Tendría un día de descanso a la semana? ¿Será posible encontrar una habitación cerca del trabajo?

Esperando su respuesta, le saluda atentamente,

Tony Jones

### TIPS

❶ Remember to use a formal approach for this type of letter.
❷ Write where you saw the advertisement: on the Internet, in a newspaper or magazine.
❸ Give your name, age and describe your personality or your hobbies.
❹ You could say you want to improve your Spanish or that you have friends in the area.
❺ *A partir del 15 de julio* means "from 15 July".

✎ Now you write the e-mail along the same lines as Luke has done, but giving information about yourself.

### AYUDA

| Vi / Leí | su anuncio | en Internet. / en el periódico. / en una revista. | |
|---|---|---|---|
| Me fascinan / Me encantan / Me gustan | | los deportes. / el montañismo y el atletismo. / los deportes de invierno. / los deportes acuáticos. | ▷ B11 |
| Hace | tres años / un año | que aprendo español. / que estudio francés. | |
| Me gustaría / Quiero / Quisiera | trabajar en España | para perfeccionar mi español. / para conocer la región. / para visitar a mis amigos. | |
| Este trabajo me interesa mucho / Estoy interesado en su trabajo | porque | me encantan los deportes. / me gustaría trabajar en una tienda. | |
| ¿Podría informarme sobre | las horas de trabajo? / el salario? | | |
| De momento / Ahora | trabajo | una vez a la semana / todos los sábados / los fines de semana | |

| en una tienda deportiva. / en un cafetería. / en un supermercado. | ▷ B2 |
|---|---|

# 7 Restaurant work

**El Rey del Sabor**

Jardines de Pereda 131
Santander

⸻❦⸻

Restaurante Regional — Especialidad Mariscos

⸻❦⸻

Bar — Sala de bailes

⸻❦⸻

Balcón y terraza con vistas al mar
(abierto todos los días de 10 00 a 04 00)
Tfno: 942 34 27 68

▶ *Durante las vacaciones trabajaste dos semanas en este restaurante. Escribe un informe en español para describir tu trabajo y tus experiencias.*

*Menciona:*
- *cómo es el restaurante*
- *cómo ibas al trabajo*
- *cómo eran tus compañeros de trabajo*
- *cómo era un día típico en el trabajo*
- *cuánto ganabas*
- *qué hiciste con tu dinero*
- *qué problemas tuviste*
- *si vas a regresar el año que viene y por qué.*

El restaurante El Rey del Sabor está situado ❶ en un pueblecito cerca del mar, a 3 kms de la ciudad de Santander. El restaurante es fantástico. La cocina y los vinos son excelentes y de muy buena calidad y el plato del día no es muy caro. ❷Todas las mañanas yo iba a pie ❸ al trabajo y, por la noche, el jefe de cocina me llevaba en su coche. Los cocineros y los camareros eran muy atentos y simpáticos. ❹ Todo el mundo me hablaba lentamente y me explicaba todas las cosas. Por la mañana, yo trabajaba en la cocina y después de la cena recogía las mesas y fregaba los platos. ❺ Ganaba 5.000 ptas al día. ❻ No tenía que gastar en comida puesto que todos los días comía y cenaba en el restaurante. Con el dinero que ahorré, compré ropa ❼ y me divertí mucho en los días libres. No tuve problemas serios aunque al principio no podía abrir las botellas de vino. ❽ ¡Qué vergüenza! ❾ El año que viene, espero volver a trabajar de nuevo en el mismo restaurante porque aprendí mucho.

## TIPS

❶ Use *está situado en* and say where it is near to (*está cerca/no está lejos de...*) or give a distance from the nearest town, e.g. *a 5 kms de...*

❷ You could describe the building, the view or the food.

❸ By bicycle or tram? Remember to use *en* + means of transport unless you are on foot/on horseback (*a pie/a caballo*).

❹ You might mention their nationality, if they were young or old, friendly or not.

❺ Say what you did, e.g. washing up, serving in the restaurant etc., using the Imperfect tense.

❻ Notice how to say 5.000 ptas per day: *5.000 ptas al día*.

❼ A holiday, clothes (*ropa*), or an expensive meal, perhaps.

❽ You could say that you injured yourself or that you lost something important.

❾ Some useful expressions: *Sin querer =* by mistake; *¡Qué vergüenza! =* How embarrassing!

✎ **A** Now write the report yourself using your own ideas.

✎ **B** Now write a similar report using one of the jobs advertised on page 50 as the starting point.

### AYUDA

| El restaurante está situado | al lado de la carretera. al borde de un lago. cerca del mar. al norte/sur de la ciudad. a 3 kms de la estación. |
|---|---|

▷ C5

| Iba | a pie. en bicicleta. | Tomaba | el autobús el metro el tren | al trabajo. |
|---|---|---|---|---|

▷ C3

| El vino La paella | era | muy | bueno. buena. |
|---|---|---|---|

| Los mariscos Las especialidades | eran | buenos. buenas. |
|---|---|---|

▷ B8

| Mis compañeros Mis colegas | eran no eran | simpáticos/as. amigables/amistosos/as. serviciales. españoles/españolas. italianos/italianas. |
|---|---|---|

▷ B6
▷ E1

| Todos los días De vez en cuando Algunas veces | debía | poner las mesas. quitar las mesas. fregar los platos. preparar el postre. |
|---|---|---|

▷ A7, B2

| Al principio | no sabía cómo abrir las botellas de vino. no conocía los nombres de los vinos. |
|---|---|

▷ A13

# 8  What's my line?

▶ *Vas a jugar en clase a: ¿Cuál es mi trabajo? Tú describes un trabajo en papel, sin escribir cuál es. Tu compañero tiene que adivinar qué trabajo es.*

Soy un hombre de 35 años. No se puede decir que trabajo en una oficina pero sí trabajo en un edificio muy grande. No trabajo solo porque formo parte de un equipo. ❶ Terminé el colegio a los 18 años, después de haber estudiado, entre otras asignaturas, las matemáticas, la biología, la química y la física. Después hice mis estudios superiores, aprobé mis exámenes y obtuve la licenciatura. ❷ Después empecé a trabajar. Mis horarios son muy irregulares y trabajo muchas horas. A veces tengo que trabajar por la noche; depende si es un fin de semana y estoy de turno. ❸ Mi uniforme es blanco ❹ y lo llevo siempre muy limpio. A menudo en mi trabajo tengo que ver a mucha gente que tiene problemas. ❺ A veces tengo que utilizar instrumentos sofisticados. Siempre tengo que tener mucha paciencia.
Lo mejor es que puedo ayudar a la gente. ❻
Lo peor es que trabajo muchas horas.

(Médico)

CHECKLIST

✓ Find out about the jobs you intend to describe. Careers information or your teacher could help you.
✓ Think carefully about the order in which you give your clues. Start with general things and save specific details for the end.

**TIPS**

❶ Do you work indoors or outdoors? With other people or alone? In town or in the country?
❷ Do you need qualifications or training?
❸ What is your working day like? Regular hours? Shift work? Early start?
❹ What do you wear? A uniform? Special clothes? A suit and tie? A dress? A hat?
❺ What kind of work is it? Manual work? Selling? Repair work? Writing? Computers?
❻ Give the worst and the best aspects of your job: Good pay? Long holidays? Is it dangerous?

✎ Now choose one of the jobs below and write a similar description.
a) *mecánico/mecánica*
b) *profesor/profesora*
c) *peluquero/peluquera*
d) *guía turístico*

## AYUDA

| Trabajo | siempre<br>por lo general | solo/sola.<br>con la gente.<br>al aire libre.<br>en la ciudad.<br>en el campo. |
|---|---|---|

| Dejé | el colegio<br>el instituto | y después hice | una licenciatura.<br>una formación<br>   profesional.<br>un cursillo. |
|---|---|---|---|

| Mis horarios son | regulares<br>irregulares | y | trabajo sólo en el invierno.<br>trabajo por las noches. |
|---|---|---|---|

| Es una profesión | para todo el mundo.<br>para los jóvenes.<br>para los hombres y las mujeres. |
|---|---|

| No llevo | ni | uniforme ni traje.<br>ropa protectora ni corbata. |
|---|---|---|
| | ropa | elegante.<br>deportiva. |

▷ A3

| Llevo | mono de trabajo.<br>guantes. |
|---|---|

▷ A3

| Necesito | un ordenador.<br>mis manos.<br>una bicicleta. |
|---|---|

| Yo | vendo<br>reparo<br>fabrico<br>enseño | alguna cosa. |
|---|---|---|

| No | vendo<br>reparo<br>fabrico<br>enseño | ninguna cosa.<br>nada. |
|---|---|---|

(No) gano mucho dinero.

# 5 The international world

**Area of Experience E** The topics covered in this unit are:

- Life in other countries/communities
- The wider world
- Tourism
- Accommodation

## 1 Countries

**a** Mari Carmen  **b** Jean-Pierre  **c** Carlo
**d** Sakiko  **e** Ivan  **f** Konstantinos
**g** Susan  **h** Wayne  **i** Dina

**A** The pictures above, representing different countries, are captioned with the names of people who live there. Write the name of each person's country of origin. ▷ E1

*Ejemplo:* **a** *Mari Carmen: España*

**B** Look at the countries represented above and say what nationality each person is. Remember some of the nationality adjectives will change their endings depending on whether the person is a boy or a girl.

*Ejemplo:* **a** *Mari Carmen es española.*

CHECKLIST

✓ Check your spelling in the vocabulary list. ▷ E1

## 2 A poster

▶ You enter a competition in a magazine to design a poster advertising what you believe to be the typical features of your country.

*Escribe la siguiente información en español.*
- *¿Qué tiempo hace normalmente en tu país?*
- *¿Qué se puede hacer en tu país?*
- *¿Cuál es la especialidad para comer o beber?*
- *¿Cuál es el deporte favorito en el país?*
- *¿Qué recuerdos del país puedes comprar?*

¡BIENVENIDO ❶ A COLOMBIA!

Hace calor, hace frío, hace sol, es clima tropical.
Puede usted ver las montañas, los ríos y las playas. ❷
Puede probar todas las frutas tropicales. ❸
Puede jugar al fútbol o practicar otros deportes. ❹
Como recuerdo puede comprar cerámicas. ❺

**TIPS**

❶ If you want to change the title of your poster you could write: *Visite Inglaterra, Conozca* (get to know) *Escocia* or *Venga a* (come to) *Gales.*
❷ You could suggest visiting a historic city, a well-known monument or a museum.
❸ Try to think of food or drink typical of this country. *Probar* means "to taste" or "to sample".
❹ You can mention a sport if you like.
❺ Mention products that the country is well known for.

**B** Now create a poster for another country.

**AYUDA**

| Bienvenido a Visite | España. Inglaterra. ▷ E1 | | |
|---|---|---|---|
| Puedes | visitar | las catedrales. los monumentos. ▷ C1 | |
| Puedes Puede | probar | los platos típicos. las frutas tropicales. el queso. ▷ A8-12 | |
| Puedes Puede | practicar | el ciclismo. la natación. deportes. ▷ B11 | |
| Como recuerdo | puedes puede | comprar | objetos de arte. objetos de cerámica. |

▷ C9

# 3 Money

▶ You leave a short note ❶ ❻ for your Spanish penfriend explaining how to use a cash machine in England.

❶ WAIT A MOMENT PLEASE
❷ INTRODUCE YOUR CARD
❸ KEY IN YOUR PIN
❹ DO YOU WANT CASH?
❺ KEY IN AMOUNT
❻ CHECK QUANTITY
❼ WITHDRAW MONEY AND CARD

✎ Write the instructions for the above series of operations in the correct order in Spanish.

| | |
|---|---|
| **a.** | *Tienes que marcar la cantidad que quieres* |
| **b.** | *Tienes que introducir ❷ la tarjeta ❸* |
| **c.** | *Tienes que coger el dinero y tu tarjeta* |
| **d.** | *Tienes que esperar un poco* |
| **e.** | *Tienes que marcar ❹ tu número secreto ❺* |
| **f.** | *Tienes que escoger donde dice "cash"* |
| **g.** | *Tienes que mirar si la cantidad es correcta (si cometes un error tienes que pulsar "cancel" y empezar de nuevo)* |

**TIPS**

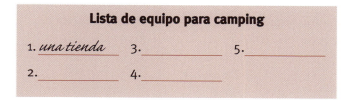

❶ Start your note with, *Querido Luis: Si quieres dinero del cajero automático, sigue estas instrucciones:*
❷ Use the construction *tienes que* + infinitive ("you have to" + verb in infinitive).
❸ *La tarjeta* means "the card".
❹ *Marcar* means "to key in".
❺ *Número secreto* means "PIN" in English.
❻ Finish your note with, *Si tienes problemas podemos ir esta noche juntos. ¿Vale?*

# 4 Camping

✎ **A** You are going camping and you need to make a list of things to take with you. The first item has been written down. Add four more.

| **Lista de equipo para camping** | | |
|---|---|---|
| 1. *una tienda* | 3. _____ | 5. _____ |
| 2. _____ | 4. _____ | |

CHECKLIST

✓ Think of vocabulary to do with camping equipment, or suitable food and clothing.

✎ **B** Now make a list of four essential items for the following types of holiday:
a) on the beach
b) in the mountains
c) touring and sight-seeing ▷ E4

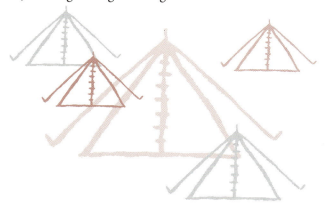

# 5 Youth hostel

▶ You are staying in a youth hostel in Spain. You decide to send a postcard to your Spanish penfriend.

*Escribe la siguiente información en español.*
- *¿Dónde estás de vacaciones?*
- *¿Con quién estás?*
- *¿Qué se puede ver?*
- *¿Cuánto tiempo estarás en España?*
- *Describe el albergue juvenil. (Menciona por lo menos dos detalles.)*

*¡Hola Mónica!*

       *Estoy en Piles, en Valencia.* ❶ *Estoy de vacaciones con mi hermano y mi padre. Los viernes hay un mercado, al lado del río. Es fantástico,* ❷ *venden de todo. Nos vamos a quedar una semana más. El albergue es muy cómodo,* ❸ *está muy limpio y no hay mucha gente.*

       *Hasta la vista.*

       *Tu amigo,*

       *Alex*

## TIPS

❶ Remember to give the name of the town and the region.
❷ Mention something in particular, and give an opinion about it.
❸ You could mention facilities, the type of building, or describe its position.

✎ Now write a similar postcard about somewhere you have visited. (You don't have to be entirely truthful: you can imagine you have been somewhere you would like to go.)

### AYUDA

| | | |
|---|---|---|
| Estoy | en Piles | en Valencia. al este de España. |

▷ E2

| | |
|---|---|
| Nos vamos a quedar Nos quedaremos | dos semanas. una semana más. |

| | | |
|---|---|---|
| Hay | un mercado una feria muchas tiendas | fantástico fantástica fantásticas | los viernes. toda la semana. |

| | | |
|---|---|---|
| Estoy | con | un grupo de amigos. mis padres. el colegio. |

▷ B2

| | |
|---|---|
| El albergue | está limpio. es cómodo. es moderno. |

# 6 A hotel reservation

▶ *Escribes una carta a un hotel reservando habitaciones para tu familia.*

*Contesta las siguientes preguntas.*
- *¿Cuántas habitaciones quieres?*
- *¿Para cuándo quieres las habitaciones?*
- *¿Qué tipo de habitaciones quieres?*

*Pregunta algo sobre:*
- *los precios*
- *alquiler de coches.*

Hotel Playas Doradas
Paseo Marítimo No 18
Santander

       Guildford, el 15 de abril

Muy señor mío: ❶

       Quisiera reservar una habitación doble y una individual con cuartos de baño desde el 5 hasta el 13 de agosto inclusive. ❷ Somos tres personas. ❸ Preferiría una habitación en el primer piso y cerca del ascensor. Mi padre no puede caminar mucho.

       Le ruego ❹ me confirme la reserva de las habitaciones. ¿Podría mandarme una lista de precios y decirme si necesitaremos alquilar un coche?

       Agradeciéndole ❺ su atención,
       Le saluda atentamente, ❻
       Lauren Martin

## TIPS

❶ This form of address is used when you do not know the name of the person you are writing to.
❷ Make it clear how many days you are staying by using the word *inclusive*. You could also mention the number of nights: *Quisiera reservar una habitación para nueve noches, desde el ... hasta el... de....*
❸ Mention how many people there are in your party.
❹ This is a polite expression to ask for something.
❺ This is a way of expressing thanks.
❻ Close your letter formally by using this phrase.

✎ Write a similar letter, but this time adapt it, with details about your own family or companions.

**AYUDA**

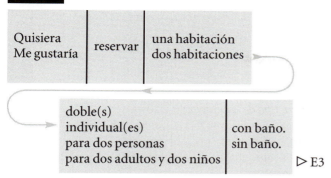

| Quisiera Me gustaría | reservar | una habitación dos habitaciones |
|---|---|---|

| doble(s) individual(es) para dos personas para dos adultos y dos niños | con baño. sin baño. |
|---|---|

▷ E3

Para cuatro noches desde el 15 de agosto hasta el 18 de agosto.

Le ruego me confirme la reserva de habitaciones.

| ¿Podría | mandarme | una lista de precios? |
|---|---|---|
| | decirme si | necesitaremos un coche? hay un parque infantil en su hotel? tienen piscina? |

## 7  My holiday

▶ Andrew is on holiday in Mexico and writes a letter to his penfriend Luis.

*Querido Luis:*

*Estamos en Cancún, en Méjico.* ❶ *¡Es fenomenal!* ❷ *El hotel está cerca del mar, y es muy moderno y grande.* ❸ *Mis padres tienen una habitación doble y mi hermano John y yo tenemos otra habitación, con balcón. ¡Es fabuloso! Todos los días nos levantamos muy tarde, y después vamos a la playa. Por la tarde,* ❹ *vamos con mis padres a Cancún de compras. Es aburrido y hace mucho calor. Por la noche, a las nueve,* ❺ *cenamos en el hotel y después vamos a bailar a una discoteca. Bueno, y tú, ¿cuándo viajas a Alemania? ¿Tu padre va a ir también o tiene que trabajar? Puedes escribirme a casa de mi abuela. Estaremos aquí otra semana más.*

*Hasta pronto,*
*Andrew*

**TIPS**

❶ Remember to give the name of the town and the region or the country where you are spending your holiday. *En Barcelona, Cataluña* or *en Barcelona, España*.

❷ Give an opinion of your holiday at the beginning or end of your letter.

❸ You could mention facilities, the type of building or describe its position.

❹ To describe a typical day, divide your day into sections: morning, afternoon and evening.

❺ You can use times as points of reference, e.g. *nos levantamos a las nueve de la mañana; cenamos a las diez de la noche.*

🖉 Now write a short letter to a friend (using the questions below as prompts), imagining you are on holiday somewhere else.

*Responde a estas preguntas en español.*
- *¿Cómo es el hotel? ¿Dónde está?*
- *¿Con quién estás de vacaciones?*
- *¿Qué haces durante el día?*
- *¿Qué haces por la noche?*
- *¿Cómo es el tiempo?*

*Pregunta algo sobre:*
- *las vacaciones de tu amigo/a*
- *su familia.*

**AYUDA**

| El hotel | es | moderno. |
|---|---|---|
| | está | cerca del mar. cerca de la ciudad. |

| Tengo una habitación | con balcón. sin baño. pequeña pero cómoda. |
|---|---|

▷ E3

| Por la tarde | vamos de compras. vamos a la playa. jugamos a las cartas. |
|---|---|

▷ B13

| Todos los días | desayunamos cenamos | en el balcón. en el hotel. |
|---|---|---|
| | nos levantamos tarde. | |

| Por la noche | bailamos en la discoteca. cenamos tarde/temprano. caminamos. nos reunimos con los amigos. |
|---|---|

▷ B2, B13

| Estoy cansado porque | no duermo. camino mucho. tomo mucho sol. hago mucho deporte. |
|---|---|

▷ B5

| Estaremos | dos semanas. todavía una semana más. unos días más. |
|---|---|

# 8 My last holiday

▶ *Recibes una carta de tu amiga Merche contándote de sus vacaciones.*

> ... conocí a mucha gente, comí muchísimo. Lo pasé muy bien, especialmente cuando fuimos al zoológico. Me gustan mucho los animales. Y tus vacaciones, ¿fueron divertidas? ¿Conociste a muchos chicos y chicas? Cuéntamelo todo.
>
> > Tu amiga,
> > Marina

*Escribe una respuesta a Marina en español.*
*Menciona:*

- *dónde y con quién fuiste*
- *tu opinión del país/de la región, de la ciudad/del pueblo y su gente*
- *cuánto tiempo te quedaste*
- *lo que viste*
- *el tiempo que hacía*
- *lo que comiste*
- *qué tal lo pasaste.*

> Querida Marina:
> > Gracias por tu carta. ❶ Mis padres y yo fuimos a Ecuador. Es un país muy bonito. Los ecuatorianos son muy amigables y simpáticos. ❷ Pasamos dos semanas en Quito. Me gustó mucho esta ciudad. Estuvimos en un hotel muy pequeño, con media pensión, en las afueras de la ciudad. Es una ciudad histórica y tranquila. Tiene muchas iglesias y casas antiguas. Se parece a España ¿sabes? Todos los días hizo mucho sol. ❸

> Los ecuatorianos comen mucha carne y muchas frutas pero poca ensalada verde. ❹ Bueno, ¡me lo pasé muy bien! ❺
> > Tu amiga,
> > Sonia

## TIPS

❶ Remember to say thank you for the letter.
❷ You could just say where you visited, but you will score more marks if you give an opinion of the country and its people. ▷ E1, E2
❸ Mentioning your accommodation gives you the chance to describe its exact location and give your opinion of the town. You can also describe the main attractions, climate and character of the town. ▷ E3, C1, C6
❹ The local diet and/or special dishes are always interesting things to mention. ▷ A8-A12
❺ Finish off with a general opinion of the holiday.

✎ Now you answer Marina's letter with details of a holiday of your own, real or imagined.

---

### AYUDA

| Fuimos | a Ecuador. | |
|---|---|---|
| Estuvimos | en Ecuador. | |
| Viajamos | a Ecuador. | ▷ E1 |

| Estuvimos | quince días. |
|---|---|
| | dos semanas. |

| La ciudad es | histórica. |
|---|---|
| | tranquila. |
| | peligrosa. |

| Un hotel con | desayuno. | |
|---|---|---|
| | media pensión. | |
| | pensión completa. | ▷ E3 |

| La gente era | muy | amigable. | |
|---|---|---|---|
| | poco | simpática. | ▷ B6 |
| | muy | grosera. | |

| Me lo pasé | en grande/fantástico. |
|---|---|
| | de maravilla/genial. |
| | muy bien. |

# 9  Favourite recipes

▶ *Recibes la receta de tu amiga mexicana para hacer chile con carne.*

---

**Chile con carne**

Los ingredientes: 1/2 kg. de carne picada, aceite de oliva, dos cebollas, dos latas de alubias, un pimiento picante, sal, pimienta y una pastilla de caldo. También necesitas tres tazas de arroz. Y eso es todo. ¡Que te aproveche!

Un abrazo,

Beatriz

---

*Le escribes una respuesta y le envías una receta de una especialidad de tu país.*

*Contesta estas preguntas en español.*
- *¿Cómo se llama el plato que le vas a enseñar a preparar?*
- *¿Qué ingredientes lleva?*
- *¿Cuánto tiempo se tarda en prepararlo?*
- *¿En qué ocasiones se come?*
- *¿Cuándo fue la última vez que comiste este plato?*

*Menciona:*
- *la receta que le enviarás en la próxima carta.*

---

*Querida Beatriz,*

*Gracias por tu carta, pero especialmente gracias por la receta. La probamos ayer.* ❶ *¡Qué delicia!* ❷ *Con esta carta te mando la receta del postre que más me gusta. Se llama Macedonia* ❸ *de fruta fresca.*

*Los ingredientes son simples: manzanas, naranjas, plátanos, uvas, fresas, miel* ❹ *y una taza de sidra. Mezclas todo,* ❺ *después pones la sidra con la miel y lo dejas enfriar.* ❻ *Sirves las frutas con nata. ¡Delicioso! Necesitas veinte minutos para preparar este postre. Nosotros lo comemos a menudo los domingos. Si te gusta, lo puedes comer después de la cena todos los días. El domingo pasado mi madre nos dio una sorpresa. ¡Nos sirvió el postre con helado! En mi próxima carta te mando la receta para hacer un plato escocés. ¿Vale?*

*Un abrazo,*

*Sally*

---

**TIPS**

❶ Say whether you tried your friend's recipe and give an opinion about it.

❷ *¡Qué delicia!* means "delicious!"

❸ Sometimes you have to use the English name of the dish. Some things do not have a translation, e.g. "toad in the hole".

❹ There is no need to give quantities unless your chosen recipe requires them.

❺ *Mezclas todo* means "you mix everything together".

❻ *Enfriar* means "to cool down".

✏ Write a letter in reply to Beatriz's recipe as Sally has done. You can choose the dish you like best. Here are some suggestions:
**a)** a Ploughman's lunch
**b)** a fish and chip supper
**c)** bangers and mash
**d)** toad in the hole
**e)** some local speciality, e.g. Cornish pasty

**AYUDA**

| | | |
|---|---|---|
| Probamos la receta ayer. | ¡Qué delicia!<br>¡Qué rico!<br>¡Qué bien está! | Estaba delicioso/<br>muy bueno.<br>No estaba mal.<br>Fue un desastre.<br>Fue terrible. | ▷ B8 |

| | | | | |
|---|---|---|---|---|
| Te | mando<br>envío<br>explico | una receta | mejicana<br>británica<br>chilena | que se llama... | ▷ E1 |

| | | | |
|---|---|---|---|
| Necesitas | 20 minutos<br>una hora | para preparar | este postre.<br>este plato. |

| | | | |
|---|---|---|---|
| Lo comemos | a menudo<br>a veces<br>siempre | los domingos.<br>en las fiestas.<br>después de la cena. | ▷ B2 |

| | | | |
|---|---|---|---|
| El domingo pasado<br>La semana pasada | lo<br>la | comimos | con helado. |

▷ A8

## 10   A campsite reservation

▶ *Tienes que hacer una reserva por correo electrónico para un sitio en un camping.*

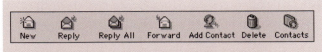

**FROM:**      Leonard.Campbell@missive.com
**DATE:**      el 15 de abril
**TO:**        camping.bellavista.@eek.com
**SUBJECT:**   reserva

Muy Sres. míos:

Queremos visitar la región del sur-oeste de España este verano y pasar cinco noches del 11 al 15 de agosto en su camping. En el grupo somos seis personas: dos adultos y cuatro jóvenes. Necesitaremos sitio a la sombra para dos tiendas de campaña y un coche.

Les agradeceríamos que nos confirmen la reserva por correo electrónico. ¿Pueden ustedes enviarnos una lista de servicios y de precios?. ¿También podrían ustedes contestarnos las siguientes preguntas? ¿Tienen ustedes supermercado, piscina y servicios médicos? ¿A cuántos kilómetros está el pueblo más cercano?

Esperamos su respuesta.
Les saluda atentamente,
Leonard Campbell

**TIPS**

- For help with setting out a letter of reservation, look at the letter to Hotel Playas Doradas on page 58.
- This is only a short letter, but contains a lot of details: number of nights, exact dates, number of people in group, pitch and equipment details. It also asks for written confirmation of the booking and asks lots of questions about the campsite facilities.

🖊 Having studied the example, now you reserve a pitch at a campsite based on these requirements:

---

### AYUDA

| Queremos | visitar el área<br>hacer una gira<br>por la región | este verano. | ▷ B1 |
|---|---|---|---|

| Muy señor/es mío/s:<br>Estimado/s Sr/Sres: |
|---|

| Necesitaremos | sitio<br>dos sitios | en la sombra<br>al borde del lago | para | dos tiendas.<br>una caravana. |
|---|---|---|---|---|

| Esperamos | su confirmación.<br>su respuesta. |
|---|---|

| Le(s) saluda atentamente,<br>De Vd. atentamente, | ▷ p9 |
|---|---|

# 11 A disastrous trip

▶ *Tu amiga Ana María te envía una carta muy corta contándote sus experiencias durante sus vacaciones.*

> ¡Hola Helen!
>
> Esta semana de vacaciones ha sido terrible; nos han pasado muchas cosas. El miércoles llovió todo el día. El jueves, salimos temprano para ir al parque de atracciones pero estaba cerrado. Entonces, fuimos a caminar. De repente, un chico le robó la cámara a mi padre. ¡Terrible! Tuvimos que ir a la comisaría. Tardamos cuatro horas. Mi padre estaba muy enfadado y decidió regresar a casa antes de terminar las vacaciones. Bueno, y tus vacaciones ¿qué tal?
>
> Un abrazo,
> Ana María

*Contesta en español la carta de Ana María. Escribe sobre una mala experiencia que tuviste en un viaje.*

*Menciona:*
- *tu reacción a su carta*
- *dónde fuiste y con quién*
- *qué pasó (menciona dos incidentes)*
- *qué tal lo pasaste*
- *las consecuencias.*

> ¡Hola Ana María!
>
> ¡Tus vacaciones fueron fatales! ❶ ¡Mi viaje a Barcelona también fue terrible! ¡Qué horror! ❷ Primero, el autocar se rompió a mitad de camino. Tuvimos que esperar horas. Mi hermanita dejó la muñeca en el autocar. La niña estaba muy triste. En el hotel, la recepcionista nos dijo que sólo tenía una reserva para dos personas y no para cuatro. ❸ Después por fin nos dio ❹ una habitación extra. El miércoles, todo fue bien. Fuimos a conocer la ciudad. Me gustó mucho. El resto de la semana estuve enferma con dolor de cabeza y de estómago. Comí algo que no estaba fresco. En la próxima carta te contaré más detalles.
>
> Un abrazo,
> Helen

**TIPS**

❶ You could also say: *Tus vacaciones fueron malísimas* or *Tus vacaciones fueron terribles.*

❷ You can use expressions such as *¡qué horror!* or *¡qué susto!* to liven up your piece of writing and to express your reaction to the event.

❸ Describe two incidents. Remember to mention how each problem was solved.

❹ Most of your passage will be written in the Preterite tense (*llegamos, partimos, fue*) since the holiday finished a while ago…

✎ Now you reply to Ana María about a bad experience, real or imagined, during your holiday, as Helen has done.

---

**AYUDA**

| ¡Lo pasé | fatal en Bilbao!<br>terrible en mis vacaciones!<br>mal en mis vacaciones! |
|---|---|

| Primero<br>Segundo<br>Por último | el coche tuvo un pinchazo.<br>el avión salió tarde.<br>mi pasaporte se extravió. |
|---|---|

| Por fin | nos devolvieron el dinero.<br>nos dieron una habitación. |
|---|---|

| Entonces | empezamos a caminar.<br>nos fuimos a una cafetería.<br>volvimos al hotel. |
|---|---|

| De repente<br>De pronto | un chico<br>un hombre | le robó<br>le quitó | la cámara<br>el dinero | a mi padre.<br>a mi amiga. |
|---|---|---|---|---|

| | ¡Qué susto!<br>¡Qué horror! |
|---|---|

| Mi padre estaba muy | enfadado<br>molesto | y decidió | regresar a casa un día antes.<br>hablar con el gerente. |
|---|---|---|---|

# 12 Asking for information

► *Tu amigo Peter va a pasar las vacaciones en Panamá.*

*Escribe una carta a la Oficina de Turismo pidiendo:*
- *información sobre la capital*
- *una lista de hoteles*
- *planos de la ciudad*
- *una lista de lugares de interés*
- *información sobre las fiestas regionales.*

*Bradford, el 7 de julio*

*Muy Sres. míos:*

    *Mi familia y yo viajaremos por varios países de Sudamérica y quisiéramos visitar Panamá pero no tenemos suficiente información. ¿Serían Vds. tan amables de enviarnos ❶ unos folletos sobre la Ciudad de Panamá y otras regiones interesantes? Nos gustaría también visitar la zona del Canal de Panamá, ❷ ¿es esto posible? ¿Podrían Vds. enviarnos ❸ una lista de hoteles y planos? ¿Qué sitios de interés nos recomiendan ❹ Vds. para visitar? Por último, ¿podrían confirmarnos si los carnavales este año son en marzo?*

    *Les agradecemos su ayuda. En espera de su respuesta,*

    *Les saluda atentamente ❺*

    *Peter Roberts.*

*P.D. Les envío un sobre con mi dirección.*

## TIPS

❶ This is a useful phrase when you need to ask for something. Note that it is always followed by an infinitive. (*¿Sería Vd. tan amable de enviarme…?*)

❷ You can mention here what sort of places you would like to visit, e.g. monuments, museums, parks.

❸ This is a polite way to ask for something (*¿Podría usted* + infinitive?)

❹ The construction *qué… nos recomienda para* + infinitive is useful when asking for advice.

❺ This is a set phrase to close your letter formally.

✎ Now you choose one of the towns or regions below and write to the Oficina de Turismo there, making sure you include the appropiate requests in your letter.

| Valencia | San José de Costa Rica | Covadonga |
|---|---|---|
| • list of youth hostels | • list of hotels | • list of campsites |
| • museums | • historical places | • road map |
| • carnivals | • map of town | • museums |
| • restaurants | • climate | • train timetables |

## AYUDA

| | | | |
|---|---|---|---|
| Quisiéramos visitar Panamá. | ¿Podría Vd.<br>¿Puede | enviarnos<br>indicarnos<br>decirnos | unos folletos?<br>cuándo son las fiestas?<br>si hay albergues juveniles? |

| | | | |
|---|---|---|---|
| ¿Podría Vd. también | confirmarnos<br>decirnos | si los carnavales son en marzo?<br>si se puede visitar la zona del Canal de Panamá? | ▷ B2, B3 |
| | recomendarnos | sitios de interés para visitar? | |

| | | |
|---|---|---|
| En espera de su pronta respuesta,<br>Esperando su respuesta, | les saluda atentamente…<br>de Vd. atentamente… | ▷ p9 |

# 13  A stay in a hotel

▶ *Pasaste una semana en un hotel en Cuba. Escribe una carta en español al gerente del hotel. Tu carta puede ser positiva o negativa, pero debes mencionar los siguientes puntos:*

- *tus vacaciones en Cuba*
- *la situación del hotel*
- *el servicio*
- *tu habitación*
- *los precios.*
  *¡No olvides empezar y terminar la carta con las fórmulas necesarias!*

---

Estimado Sr. Gerente:

El motivo de mi carta es comunicarle que no estamos contentos con el servicio que recibimos en su hotel durante nuestra estancia allí. Todos sus empleados fueron muy amables ❶ pero las condiciones de su hotel fueron muy malas.

Le explico: el día que llegamos tuvimos que esperar las habitaciones durante cuatro horas. La recepcionista no tenía a nadie para limpiarlas. Cuando por fin estaba en mi habitación, descubrí que el armario no se podía abrir. ❷ En la habitación de mis padres no funcionaba el baño. La recepcionista nos prometió que repararían todo esto pero no lo hicieron. Pagamos por dos habitaciones con baño, pero sólo uno funcionaba y yo tuve que poner la ropa en el suelo durante todas las vacaciones.

A mi padre le gusta el desayuno ❸ temprano y, según su información, el desayuno se podía tomar desde las siete. ¡Pero nunca estaba listo a las siete! Lo servían siempre a las ocho y media más o menos. Por este retraso, nunca pudimos tomar el bus para ir a la playa y tuvimos siempre que pagar taxis. El día que partíamos, nos pidieron la habitación a las siete de la mañana. ¡Nuestro avión salía a las 11 de la noche y necesitábamos la habitación! ❹ Mi padre había pagado un día extra pero nadie lo sabía. Como usted puede ver, estas cosas son muy molestas y desagradables.

Esperamos que su compañía nos recompense y nos devuelva una parte del dinero. Si no lo hacen tendremos que comunicarnos con nuestro abogado.

En espera de su pronta respuesta,
Le saluda atentamente, ❺

Josie Arnold.

---

## TIPS

❶ What might have left a positive/negative impression – the food, the staff, the weather?

❷ In a positive version you will have to describe the room in a positive way with all its good features, e.g. quiet, comfortable, magnificent views, beautiful furniture, etc.

❸ You could mention any meal here.

❹ You could mention your requirements, e.g. to rest.

❺ For the positive exercise you do not need to worry too much about the end of the letter – just combine a formal ending with an appropiate "thank-you" phrase (p 59).

✎ Now write your letter to the hotel manager, as Josie has done. It can either be positive in tone, or a letter of complaint.

---

## AYUDA

| El motivo de mi carta es para | comunicarle que no estamos contentos/satisfechos. | |
|---|---|---|
| | quejarme del mal servicio. | ▷ P8 |
| | darle las gracias por el excelente servicio. | |

| Todos sus empleados fueron muy | cordiales . groseros. amables. | ▷ B6 |
|---|---|---|

| Debido al retraso | tuvimos que pagar taxis. no pudimos comer. perdimos el avión. |
|---|---|

| En la habitación | el baño no funcionaba. el armario no se podía abrir. la cama era muy cómoda. | ▷ A5 |
|---|---|---|

| El desayuno lo La comida la La cena la | servían | a las ocho y media. a las dos y media. a las diez. |
|---|---|---|

| El día que partimos | no pudimos comer. nos pidieron la habitación muy temprano. no había transporte al aeropuerto. |
|---|---|

# 14  A country

▶ *En el colegio te han pedido que escribas sobre un país que conoces o has visitado. En tu descripción incluye:*

- *su historia*
- *su geografía*
- *su gente*

- *su arte y su música*
- *su comercio*
- *su futuro.*

Para mí Colombia es un país de contrastes. La cordillera de los Andes ❶ divide el país en tres áreas muy diferentes y por eso el país tiene muchas clases de climas. ❷ También es un país tropical, y los países tropicales tienen muchos paisajes muy bonitos y variados. El clima varía según la región y la altitud. Por ejemplo, si estás en Bogotá, la capital, hace frío pero si conduces una hora, llegas a una región con un clima muy cálido. Esto es fantástico puesto que no tienes que esperar como en Inglaterra ❸ a que cambie la estación.

Colombia también tiene muchos contrastes en su arquitectura. La parte vieja de las ciudades se parece mucho a las ciudades españolas. ¡Por supuesto! los españoles conquistaron ❹ el país y estuvieron muchos años allí. Las casas son de estilo colonial. En cambio, en las partes nuevas, las casas y los edificios son muy modernos. Creo que es la influencia de los Estados Unidos. El arte de este país y su cultura están muy desarrollados. Lo llaman "la capital cultural de América". Los grandes pintores y artistas ❺ siempre visitan Colombia. De la música, dicen que la mejor salsa viene de este país. En cuanto

al comercio, siempre ha sido un país exportador de café, ❻ pero en los últimos años ha habido muchos problemas con las drogas. Ahora el gobierno está haciendo mucho para cambiar esta situación. Todos esperan que en el futuro, la paz de Colombia mejore y el país y su gente puedan vivir con tranquilidad.

A mí me parece que ❼ este país es muy hermoso y su gente es muy amable, amistosa y cordial.

**TIPS**

❶ Mention some geographical aspects. These do not have to be detailed.
❷ Refer to the climate in general: is the weather cold, hot or humid, pleasant?
❸ You can give your impressions of a country, or you can compare two countries.
❹ A brief historical background is enough. If you like, you could mention influences from other cultures.
❺ Here you could give examples of artists etc., if you know them.
❻ If you know or consider the country to be prosperous or poor, you could mention it here, and give reasons. You do not need to be exact.
❼ At the end you could give your general opinion or impression of the country.

✎ Now write a brief description of a country or part of a country you know or have studied. Develop the points given above.

**AYUDA**

| La cordillera La montaña | divide atraviesa | el país. |
|---|---|---|
| El río | pasa | por todo el país. |

| Los españoles Los árabes | conquistaron | el país. la región. |
|---|---|---|

| La arquitectura | es | variada. tradicional. colonial. moderna. |
|---|---|---|

| El clima | es | variado. tropical. seco. húmedo. |
|---|---|---|

| Hay | artistas y pintores. músicos. industrias de … fábricas. |
|---|---|

| El arte La música La artesanía La industria | está muy desarrollado/a. |
|---|---|

| Siempre ha sido | un país una región | exportador de... exportadora de... |
|---|---|---|
| Siempre ha exportado... | | |

| Se espera que Espero que ¡Ojalá! que | en el futuro haya | estabilidad. paz. tranquilidad. |
|---|---|---|

| En los últimos años Últimamente Recientemente | ha habido problemas con | las drogas. los cultivos. la carne. |
|---|---|---|

| Yo creo que es un país | muy | agradable hermoso interesante | y su gente es muy | amable. cordial. amigable. |
|---|---|---|---|---|

▷ B6

# Vocabulary by topic

## A1  At school

el **alemán** German
la **asignatura** subject
la **asignatura favorita** favourite subject
el **atletismo** athletics
la **biología** biology
las **ciencias** science
el **comercio** business
los **deportes** sports
el **dibujo** drawing
el **diseño gráfico** graphic design
el **drama** drama
las **económicas** economics
la **educación física** physical education
el **español** Spanish
la **física** physics
el **francés** French
la **geografía** geography
la **gimnasia** gymnastics
la **historia** history
la **informática** information technology
el **inglés** English
el **italiano** Italian
el **latín** Latin
las **matemáticas** maths
la **música** music
la **química** chemistry
la **religión** religion
la **tecnología** technology
los **trabajos manuales** crafts

el **aula (m)** classroom
la **biblioteca** library
la **cafetería** cafeteria
la **cancha** court (tennis/netball)
la **cantina** canteen
la **capilla** chapel
el **colegio** school
el **comedor** dining room
la **escuela primaria** state primary school
el **gimnasio** gymnasium
el **instituto** state secondary school
el **laboratorio** laboratory
la **oficina** office
el **parvulario** nursery school
el **patio de recreo** school playground
la **piscina** swimming pool
la **sala de profesores** staffroom
la **secundaria** secondary school
el **teatro** theatre

## A2  In the classroom

el/la **alumno/a** student
el **bachillerato** year 12/13

el **bolígrafo/boli** pen
la **bolsa** bag
el **casete** cassette recorder
la **clase** class
el **cuaderno** notebook
los **deberes /las tareas** homework
el **diccionario** dictionary
el **encerado/la pizarra** blackboard
la **goma** rubber
el **lápiz** pencil
la **lección** lesson
el **libro** book
la **mochila** rucksack
el **papel** paper
la **papelera** waste basket
la **pluma estilográfica** fountain pen
el/la **profesor/a** teacher
el **pupitre** desk
la **regla** ruler
la **silla** chair
el **tercero/cuarto de ESO** year 9/10

## A3  Clothes and uniform

el **abrigo** coat
la **blusa** blouse
las **botas** boots
los **calcetines** socks
la **camisa** shirt
la **camiseta** T-shirt
el **chaleco** waistcoat
el **chandal** jogging suit
la **chaqueta** jacket
el **cinturón** belt
la **corbata** tie
la **falda** skirt
la **gorra** cap
el **jersey** jumper
las **medias** stockings
los **pantalones** trousers
el **sombrero** hat
los **vaqueros** jeans
el **vestido** dress
los **zapatos** shoes

## A4  Around the house

(con vistas) **al bosque** forest view
…**a la calle** street view
…**al campo** countryside view
…**a la carretera** road view
…**al jardín** garden view
…**al mar** sea view
…**a la montaña** mountain view
…**a la piscina** swimming pool view

**al norte/sur/este/oeste** in the
    north/south/east/west of …

**alrededor de** around
el **apartamento** apartment; flat
el **ascensor** lift
el **aseo** toilet
el **ático** loft
el **barrio** neighbourhood
la **casa (adosada)** house (semi-detached)
**cerca de** near to
el **chalé** house (detached)
la **cocina** kitchen
el **comedor** dining room
el **cuarto de baño** bathroom
**debajo de** underneath
**delante de** in front of
el **despacho** office
**detrás de** behind
el **dormitorio** bedroom
**encima de** on top of
**enfrente de** opposite
la **escalera** stairs
el **garaje** garage
el **jardín** garden
el **pasillo** corridor
el **patio** yard, patio
el **piso** flat, floor/level
la **puerta** door
el **salón/la sala de estar** living-room
el **sótano** basement
la **ventana** window

**cerca del mar** near the sea
**en las afueras** on the outskirts
**en el campo** in the countryside
**en el centro** in the centre
**en la ciudad** in the city
**en las montañas** in the mountains

## A5  Household items

el **aspirador** vacuum cleaner
la **cacerola** saucepan
la **cafetera** coffee pot
la **cocina (de gas/eléctrica)** cooker
el **congelador** freezer
el **fregadero** sink
el **frigorífico/la nevera** fridge
el **lavaplatos** dishwasher
la **plancha** iron
la **sartén** frying pan

**afeitarse** to shave
el **aseo** toilet
la **bañera** bath
la **ducha** shower
**ducharse** to have a shower
el **jabón** soap
el **lavabo** wash basin

**lavarse** to have a wash
**el papel higiénico** toilet paper
**el secador de pelo** hairdryer
**la toalla** towel

**la almohada** pillow
**el armario** cupboard
**la cama de matrimonio** double bed
**la cama individual** single bed
**la cómoda** chest of drawers
**dormir** to sleep
**el guardarropa** wardrobe
**la manta** blanket
**la sábana** sheet
**el tocador** dressing table

**la alfombra** rug
**la butaca** armchair
**la calefacción** heating
**la cortina** curtain
**descansar** to rest
**el estéreo** stereo
**la moqueta** carpet
**la radio** radio
**el sofá** sofa
**el televisor/la televisión** television
**el vídeo** video

### A6  Meals

**a la carta** menu à la carte
**el aperitivo** appetiser/snack
**la carta** menu
**la carta de vinos** wine list
**la cena** dinner
**la comida** lunch
**el desayuno** breakfast
**el menú** menu
**la merienda** afternoon snack
**el plato del día** dish of the day
**el postre** dessert
**el primer plato** starter
**el segundo plato** main dish

### A7  Jobs around the house

**arreglar la casa** to tidy up the house
**barrer el suelo** to sweep the floor
**cocinar** to cook
**cortar el césped** to cut the grass
**fregar/lavar los platos** to do the washing
  up
**hacer la cama** to make the bed
**lavar el coche** to wash the car
**lavar la ropa** to wash the clothes
**limpiar el polvo** to dust
**limpiar las ventanas** to clean the
  windows
**pasar el aspirador** to vacuum clean
**planchar** to iron
**poner la mesa** to lay the table
**regar las plantas** to water the plants
**secar los platos** to dry the dishes
**vaciar el lavaplatos** to empty the
  dishwasher

### A8  Food (general)

**el aceite** oil
**la aceituna** olive
**el arroz** rice
**el azúcar** sugar
**los calamares** squid
**el caramelo** sweet
**los cereales** cereal
**el chicle** chewing gum
**el chocolate** chocolate
**el churro** fritter
**la confitura** jam
**la ensalada** salad
**as frutas** fruits
**la galleta** biscuit
**las gambas** prawns
**el helado** ice-cream
**el huevo** egg
**la leche** milk
**los mariscos** seafood
**la mermelada** jam/marmalade
**la nata** cream
**el pan** bread
**el panecillo** roll
**el pastel/la tarta** cake/gâteau
**las patatas** potatoes
**las patatas fritas** chips
**el pato** duck
**el pescado** fish
**el queso** cheese
**la ración** portion
**la sal** salt
**las sardinas** sardines
**la sopa** soup
**las tapas** aperitifs/ bar snacks
**la tortilla** omelette
**las verduras** vegetables
**el vinagre** vinegar
**el yogur** yogurt

### A9  Fruit

**la fresa** strawberry
**el limón** lemon
**la manzana** apple
**el melocotón** peach
**el melón** melon
**la naranja** orange
**la pera** pear
**la piña** pineapple
**el plátano** banana
**la uva** grape

### A10  Vegetables

**el ajo** garlic
**la cebolla** onion
**los champiñones** mushrooms
**el coliflor** cauliflower
**el guisante** pea
**las judías verdes** green beans
**la lechuga** lettuce
**la patata** potato
**el pimiento** pepper
**el tomate** tomato
**la zanahoria** carrot

### A11  Meat

**la carne** meat
**el cerdo** pork
**el cordero** lamb
**el chorizo** pork sausage
**la chuleta** pork chop
**el filete/biftec** steak
**la hamburguesa** hamburger
**el jamón serrano** cured ham
**el jamón york** boiled ham
**el pollo** chicken
**el perrito caliente** hot dog
**la salchicha** sausage
**el salchichón** ham and pork sausage
**la ternera** calf, veal

### A12  Drinks

**el agua** water
**el agua mineral** mineral water
  **…con/sin gas** …sparkling/still
**el café** coffee
**la cerveza** beer
**el coñac** cognac
**el jerez** sherry
**la limonada** lemonade
**la naranjada** orangeade
**el té** tea
**el vino blanco** white wine
**el vino tinto** red wine
**el zumo de fruta** fruit juice

### A13  Quantities and packaging

**una barra de (pan)** a loaf of (bread)
**un bote de** a jar of
**una botella de** a bottle of
**una caja de** a box of
**un cartón de** a carton of
**una lata de** a tin/can of
**un paquete de** a packet of
**una ración de** a slice of

**100 gramos de** 100 grammes of
**un cuarto de kilo de** 1/4 kg of
**tres cuartos de kilo de** 3/4 kg of
**medio kilo de** 1/2 kg of
**un kilo de** a kilo of
**un kilómetro** a kilometre
**un litro de** a litre of
**un metro** a metre

### A14  Illness

**bien** well
**el catarro** cold
**doler** to ache/to hurt/to be sore
**el dolor** pain/ache
**el/la enfermero/a** nurse
**enfermo/a** ill
**estar constipado/a** to have a cold
**estar mareado/a** to feel dizzy/sick
**la fiebre** temperature
**la insolación** sunstroke
**me duele la cabeza** my head aches
**me siento mal** I feel ill
**el médico** doctor

**mejor** better
**la picadura** insect bite
**regular** so-so
**la salud** health
**tener diarrea** to have diarrhoea
**tener dolor de cabeza** to have a headache
**tener dolor de estómago** to have stomach ache
**tener dolor de garganta** to have a sore throat
**tener dolor de muelas** to have toothache
**tener fiebre** to have a temperature
**vomitar** to vomit

### A15 Expressions of time

**ayer** yesterday
**anteayer** the day before yesterday
**durante dos días** for two days
**durante media hora** for half an hour
**durante un mes** for one month
**durante una semana** for a week
**hoy** today
**mañana** tomorrow
**pasado mañana** the day after tomorrow

**desde 1998** since 1998
**desde ayer** since yesterday
**desde febrero** since February
**desde esta mañana** since this morning
**desde el martes** since last Tuesday
**desde la Navidad** since Christmas
**desde la semana pasada** since last week

### A16 Parts of the body

**la boca** mouth
**el brazo** arm
**la cabeza** head
**la cara** face
**el cuello** neck
**el dedo** finger
**el diente** tooth
**la espalda** back
**el estómago** stomach
**la garganta** throat
**la mano** hand
**la muela** back tooth
**la nariz** nose
**el ojo** eye
**la oreja** ear
**el pelo** hair
**el pie** foot
**la pierna** leg
**la rodilla** knee
**el tobillo** ankle

### A17 Injuries

**caerse** to fall down
**cortarse la mano** to cut your hand
**golpearse la cabeza** to bang your head
**herirse** to hurt yourself
**quemarse el dedo** to burn your finger
**romperse la pierna** to break your leg
**torcerse el tobillo** to sprain your ankle

### Area of Experience B

#### B1 Seasons, months, days and holidays

**en invierno** in winter
**en otoño** in autumn
**en primavera** in spring
**en verano** in summer

**enero** January
**febrero** February
**marzo** March
**abril** April
**mayo** May
**junio** June
**julio** July
**agosto** August
**septiembre** September
**octubre** October
**noviembre** November
**diciembre** December

**lunes** Monday
**martes** Tuesday
**miércoles** Wednesday
**jueves** Thursday
**viernes** Friday
**sábado** Saturday
**domingo** Sunday

**el Año Nuevo** New Year's Day
**la Epifanía** Epiphany
**el día de los Reyes Magos** Epiphany
**La Navidad** Christmas
**la Pascua** Passover
**el Pentecostes** Whitsun
**el Ramadán** Ramadan
**la Semana Santa** Easter

#### B2 When exactly?

**cada sábado** every Saturday
**el fin de semana** at the weekend
**en las vacaciones** in the holidays
**por la noche** in the evening

**hoy** today
**esta mañana** this morning
**esta noche** this evening
**esta tarde** this afternoon

**anteayer** the day before yesterday
**ayer** yesterday
**ayer por la mañana** yesterday morning
**ayer por la noche** yesterday evening

**mañana** tomorrow
**mañana por la mañana** tomorrow morning
**mañana por la noche** tomorrow evening
**pasado mañana** the day after tomorrow

**a las 2.30 de la tarde** at 2.30 p.m.
**a menudo** often
**a veces** sometimes
**cada día** every day
**cada mes** every month

**cada semana** every week
**de vez en cuando** occasionally, now and again
**el miércoles por la noche** on Wednesday evening
**el viernes pasado** last Friday
**hace una semana** a week ago
**los sábados** on Saturdays

**normalmente** normally
**nunca** never
**por lo general** usually
**raras veces** rarely, seldom
**siempre** always
**tres veces a la semana** three times a week

#### B3 What exactly?

**la feria** fair
**los juegos artificiales** firework display
**un viaje a …** a trip to …
**una gran procesión** a big procession

#### B4 Physical descriptions

**bajo/a** short
**bonito/a** pretty
**calvo/a** bald
**castaño** brunette
**con barba** with a beard
**con bigote** with a moustache
**con gafas** with glasses
**delgado** slim/thin
**feo/a** ugly
**gordo/a** fat
**grande** big
**guapa** pretty
**guapo** handsome
**hermoso/a** beautiful
**mediano/a** medium-sized
**mestizo** mixed race
**moreno** dark haired
**pelirrojo/a** red haired
**rubio/a** blond/e

#### B5 Feelings

**cansado/a** tired
**contento/a** contented
**enfadado/a** angry
**enfermo/a** ill
**feliz** happy
**sano/a** healthy
**triste** sad

**tener calor** to be hot
**tener frío** to be cold
**tener hambre** to be hungry
**tener miedo** to be frightened
**tener sed** to be thirsty
**tener suerte** to be lucky

#### B6 Character and personality

**aburrido/a** boring
**amable** kind
**ambicioso/a** ambitious

**antipático** unfriendly
**arrogante** arrogant
**bobo/a** 'wet'
**callado/a** quiet
**celoso/a** jealous
**comprensivo/a** understanding
**deportivo/a** sporty
**deshonesto/a** dishonest
**difícil** difficult
**divertido/a** amusing
**dulce** sweet
**egoísta** selfish
**energético/a** energetic
**estúpido/a** stupid
**feliz** happy
**fiable** reliable
**franco/a** frank
**frío/a** cold, unfriendly
**generoso/a** generous
**gracioso/a** funny
**hablador/a** talkative
**honesto/a** honest
**impaciente** impatient
**independiente** independent
**interesante** interesting
**irresponsable** irresponsible
**loco/a** mad, crazy
**mezquino/a** mean
**optimista** optimistic
**orgulloso/a** proud
**paciente** patient
**perezoso/a** lazy
**pesimista** pessimistic
**pobre** poor
**responsable** responsible
**rico/a** wealthy
**ruidoso/a** noisy
**sensible** sensitive
**simpático/a** nice
**solo/a** alone, lonely
**tímido/a** shy
**tolerante** tolerant
**trabajador/a** hardworking
**triste** sad
**valiente** brave, courageous
**vicioso/a** nasty, vicious

### B7 Colours

**amarillo/a** yellow
**azul claro/a** light blue
**azul** blue
**blanco/a** white
**gris** grey
**marrón** brown
**morado** purple
**multicolor** multi-coloured
**naranja** orange
**negro/a** black
**rojo/a** red
**rosa** pink
**turquesa** turquoise
**verde oscuro/a** dark green
**verde** green
**violeta** violet

### B8 Giving an opinion

**aburrido/a** boring
**bastante** fairly, quite
**basura** rubbish
**brillante** brilliant
**bueno/a** good
**cada** each, every
**difícil** difficult
**divertido/a** fun
**excelente** excellent
**fácil** easy
**fantástico/a** fantastic, super
**importante** important
**interesante** interesting
**inútil** useless
**malo/a** bad
**maravilloso/a** great
**no está mal** it's not bad
**no muy divertido/a** not much fun
**sobre todo** above all
**terrible** awful
**útil** useful
**verdaderamente** really

### B9 Family

**la abuela** grandmother
**el abuelo** grandfather
**los abuelos** grandparents
**el bebé** baby
**el/la compañero/a** partner
**la cuñada** sister-in-law
**el cuñado** brother-in-law
**la familia** family
**la hermana** sister
**la hermanastra** step-sister
**el hermanastro** step-brother
**el hermano** brother
**la hija** daughter
**el hijo** son
**el hijo único** only child
**la madrastra** step-mother
**la madre** mother
**el marido** husband
**el mellizo** twin
**la mujer** wife
**la nieta** granddaughter
**el nieto** grandson
**los nietos** grandchildren
**el niño** child
**la nuera** daughter-in-law
**el padrastro** step-father
**el padre** father
**los padres** parents
**la prima** female cousin
**el primo** male cousin
**la sobrina** niece
**el sobrino** nephew
**la suegra** mother-in law
**el suegro** father-in-law
**la tía** aunt
**el tío** uncle
**el yerno** son-in-law

### B10 Personal details

**casado/a** married
**divorciado/a** divorced
**separado/a** separated
**soltero/a** single
**viudo/a** widowed

### B11 Sport

**jugar al bádminton** to play badminton
**jugar al baloncesto** to play basketball
**jugar al fútbol** to play football
**jugar al golf** to play golf
**jugar al hockey** to play hockey
**jugar a la pelota** to play handball
**jugar al ping-pong/tenis de mesa** to play ping-pong/ table tennis
**jugar al rugby** to play rugby
**jugar al squash** to play squash
**jugar al tenis** to play tennis
**jugar al voleibol** to play volleyball

**bailar** to dance
**el campo de fútbol** football pitch
**el campo de golf** golf course
**la cancha** court (tennis/basketball)
**escalar** to go climbing
**esquiar** to go skiing
**estación de esquí** ski resort
**el estadio** stadium
**el gimnasio** gymnasium
**hacer atletismo** to do athletics
**hacer footing** to go jogging
**hacer vela** to sail
**hacer windsurf** to go wind-surfing
**montar a caballo** to go riding
**montar en bicicleta** to go cycling
**montar en monopatín** to go roller-skating/-blading
**nadar** to swim
**navegar** to go sailing
**patinar sobre hielo** to go ice-skating
**pescar** to go fishing
**la piscina** swimming pool
**la pista de hielo** ice rink
**la pista de tenis** tennis court
**el polideportivo** sports centre

### B12 Hobbies

**el arte, la pintura** art, painting
**la astronomía** astronomy
**cantar en el coro** to sing in a choir
**coleccionar** to collect
**dibujar** to draw
**el dibujo** drawing
**escuchar CDs/música** to listen to CDs/music
**hacer cerámica** to make pottery
**el juego de mesa** board-game
**jugar al ajedrez** to play chess
**jugar a las cartas** to play cards
**jugar con el ordenador** to play with the computer
**leer los cómics** to read comics
**pintar** to paint

**tocar en una orquestra** to play in an orchestra
**tocar un instrumento musical** to play a musical instrument
**ver la televisión** to watch TV
**el vídeojuego** computer/video game

### B13  Going out

**hacer una gira en bicicleta** to go for a bike ride
**ir al cine** to go to the cinema
**ir al circo** to go to the circus
**ir al club juvenil** to go to the youth club
**ir al partido de fútbol** to go to the football match
**ir al teatro** to go to the theatre
**ir al zoo** to go to the zoo
**ir a la discoteca** to go to the disco
**ir a la fiesta** to go to a party
**ir a un concierto** to go to a concert
**ir a una exposición** to go to an exhibition

### B14  Where to meet

**debajo del puente** under the bridge
**delante del ayuntamiento** in front of the town hall
**detrás del cine** behind the cinema
**en el club juvenil** at the youth club
**en el patio del colegio** in the school field/yard
**en el río** at the river
**enfrente de la estación** opposite the station
**en la parada de autobús** at the bus stop
**en la piscina** at the swimming pool

### B15  What's on TV and radio

**el anuncio** advert
**el canal** channel
**el culebrón/la telenovela** soap opera
**los dibujos animados** cartoons
**el documental** documentary
**las noticias** news
**la película** film
**el programa deportivo** sports programme
**el programa musical** music programme
**el programa de radio** radio programme
**el programa de televisión** TV programme
**el pronóstico del tiempo** weather forecast
**en vivo** live
**la serie romántica (de televisión)** romantic (TV) series
**la telecomedia** TV comedy
**la tira cómica/la viñeta** cartoon

### B16  Pets and other animals

**el águila** eagle
**el animal doméstico** pet
**la araña** spider

**el avestruz** ostrich
**la ballena** whale
**el búho/la lechuza** owl
**el caballo** horse
**el canario** canary
**el castor** beaver
**el chimpancé** chimpanzee
**la cigüeña** stork
**el conejillo de Indias** guinea-pig
**el conejo** rabbit
**la culebra** snake
**el elefante** elephant
**el erizo** hedgehog
**el gato** cat
**la gaviota** seagull
**el hámster** hamster
**el hipopótamo** hippopotamus
**el león** lion
**el loro** parrot
**la mariposa** butterfly
**el mono** ape, monkey
**la morsa** walrus
**el oso** bear
**el perro** dog
**el pez de colores** goldfish
**el pony** pony
**la rana** frog
**el rinoceronte** rhinoceros
**el sapo** toad
**el tiburón** shark
**el tigre** tiger
**la tortuga** tortoise/turtle

## Area of Experience C

### C1  Places in town

**el albergue juvenil** youth hostel
**la autopista/la autovía** motorway
**el ayuntamiento** town hall
**la biblioteca** library
**la cabina de teléfono** telephone box
**la calle** street
**la carnicería** butcher's
**el castillo** castle
**la catedral** cathedral
**el centro** town centre
**el cine** cinema
**la comisaría** police station
**Correos** post office
**la cruce de carreteras** crossroads
**la disco(teca)** discothèque
**la esquina** (street) corner
**la estación de trenes** train station
**la estación de autobuses** bus station
**el estadio** stadium
**el estanco** shop selling stamps and tobacco
**la farmacia** chemist's
**la glorieta** roundabout
**los grandes almacenes** department store
**el hospital** hospital
**el hotel** hotel

**la iglesia** church
**los jardines públicos** public gardens/park
**el mercado** market
**el monumento** monument
**el museo** museum
**la oficina de información** information office
**el parque de bomberos** fire station
**el paso a nivel** level crossing
**el paso peatonal** zebra crossing
**la pastelería** cake shop
**la piscina** swimming pool
**la pista de hielo** ice-skating rink
**la plaza** square
**el polideportivo** sports centre
**el puente** bridge
**el río** river
**el semáforo** traffic lights
**el supermercado** supermarket
**la tienda** shop
**el teatro** theatre
**la universidad** university
**la zona peatonal** pedestrian precinct

### C2  When was it built?

**en 1997 cerraron el cine** ...
the cinema was closed down in 1997
**en 1890 construyeron el puente** ...
the bridge was built...
**en 1990 desarrollaron el viejo barrio** ...
the old quarter was redeveloped...
**en 1998 inauguraron el cine** ...
the cinema was opened...
**en 1997 restauraron la catedral** ...
the cathedral was restored...
**en 1989 renovaron el teatro** ...
the theatre was renovated...

### C3  How shall we get there?

**en autobús** by bus
**en autocar** by coach
**en avión** by plane
**en camión** by lorry
**en canoa** by canoe
**en coche** by car
**en metro** by tube/metro
**en motocicleta** by motorbike
**a pie** on foot
**en taxi** by taxi
**en tranvía** by tram
**en tren** by train

**el aeropuerto** airport
**el aparcamiento** car park
**la estación de metro** metro station
**la estación de servicio** petrol station
**la parada de autobús** bus-stop

### C4  Parts of the car

**la batería** battery
**los faros** headlights
**el gas-oil** diesel

**la gasolina** petrol
**la gasolina sin plomo** unleaded petrol
**el intermitente** indicator
**los limpiaparabrisas** windscreen wipers
**llenarlo** to fill up with petrol
**las luces** lights
**el motor** engine
**el neumático** tyre
**el parabrisas** windscreen
**revisar el aceite** to check the oil
**el tubo de escape** exhaust pipe

### C5 Directions

**a la derecha** on/to the right
**a la izquierda** on/to the left
**la primera/segunda/tercera/siguiente**
  **calle** the first/second/third/next street
**todo seguido/todo recto** straight ahead

**a 3 km de** 3 km from
**al lado (de)** next to
**cerca (de)** near
**debajo** under, beneath
**delante (de)** in front of
**dentro** inside
**detrás (de)** behind
**en el centro de** in the middle of
**enfrente (de)** opposite
**entre** between
**fuera (de)** outside
**sobre** on

**al este de** (to the) east of
**al norte de** (to the) north of
**al oeste de** (to the) west of
**al sur de** (to the) south of
**al sureste de** (to the) southeast of

### C6 Weather

**la helada** frost
**la llovizna** shower
**la lluvia** rain
**la niebla** fog
**la nieve** snow
**el nube** cloud
**el pronóstico del tiempo** weather forecast
**el rayo** lightning
**el sol** sun
**la tormenta** storm
**el trueno** thunder
**el viento** wind

**está nublado** it's cloudy
**hace buen tiempo** it's a nice/fine day
**hace calor** it's warm
**hace frío** it's cold
**hace mal tiempo** it's bad weather
**hace sol** it's sunny
**hace viento** it's windy
**hay hielo** it's icy
**hay niebla** it's foggy
**hay tormenta** it's stormy
**llueve** it's raining
**nieva** it's snowing

**brillar** to shine
**helar** to freeze
**llover** to rain
**nevar** to snow

### C7 Environment

**la basura** rubbish
**el cielo** sky
**la contaminación** pollution
**contaminar** to pollute
**la costa** the coast
**el ecológico** ecology
**la granja** farm
**la hierba** grass
**la industria** industry/factory
**industrial** industrial
**la isla** island
**el lago** lake
**la luna** moon
**el medio ambiente** environment
**el metro** underground (the Tube)
**la montaña** mountain
**montañoso** mountainous
**el mundo** world
**la región** region
**el río** river
**ruidoso** noisy
**salvar** to save
**la sombra** shadow

### C8 In the department store

**en la sección de artículos domésticos**
  household goods
**en la sección de deportes** sportswear
**en la sección de discos CD**
  CDs and music
**en la sección de jardinería**
  gardening and DIY
**en la sección de juguetería** toys
**en la sección de muebles** furniture
**en la sección de papelería** stationery
**en la sección de ropa** clothing

**en la planta baja** on the ground floor
**en el primer piso** on the first floor
**en el sótano** in the basement

**el abrigo** coat
**la blusa** blouse
**los calcetines** socks
**la camisa** shirt
**la camiseta** t-shirt
**el chandal** jogging suit
**la chaqueta** jacket
**el cinturón** belt
**la corbata** tie
**la falda** skirt
**los guantes** gloves
**el impermeable** raincoat
**el jersey** pullover, jumper
**las medias** tights
**el pantalón** trousers
**los pantalones cortos** shorts
**el pijama** pyjamas

**la ropa** clothes
**el sombrero** hat
**los vaqueros** jeans
**el vestido** dress
**las zapatillas de deporte** trainers
**los zapatos** shoes

**la billetera** wallet
**el dinero** money
**el monedero** purse

### C9 Presents and shopping

**el abanico** fan
**la botella de vino** bottle of wine
**el cartel de …** poster of
**la casete de …** cassette of
**el casete** cassette player
**las castañuelas** castanets
**la cerámica** pottery
**los chocolates de …** chocolates from
**la foto(grafía)** photograph
**la guitarra** guitar
**las joyas** jewellery
**un libro sobre …/de** a book about …/ by
**el perfume** perfume
**la postal de …** postcard from
**el recuerdo** souvenir
**el regalo** present

**abierto** open
**barato** cheap
**caro** expensive
**cerrado** closed
**probarse** to try on
**las rebajas** sales
**la talla** size

### C10 What's it made of?

**de algodón** cotton
**de aluminio** aluminium
**de cristal** glass
**de cuero** leather
**de hierro** iron
**de lana** wool
**de madera** wood
**de metal** metal
**de oro** gold
**de papel** paper
**de piel** leather
**de plástico** plastic
**de plata** silver
**de seda** silk

## Area of Experience D

### D1 Professions

**el/la abogado/a** lawyer
**el albañil** bricklayer
**el ama de casa** housewife
**el/la arquitecto/a** architect
**el/la banquero/a** banker
**el/la cantante** singer
**el/la cartero/a** postman/woman

**el/la cocinero/a** cook
**el/la conductor/a** driver
**el/la constructor/a** builder
**el/la dentista** dentist
**el/la dependiente/a** shop assistant
**el/la diseñador/a** designer
**el/la electricista** electrician
**el empleado de oficina** office worker
**el/la enfermero/a** nurse
**el/la fontanero/a** plumber
**el/la fotógrafo/a** photographer
**el/la funcionario/a público** civil servant
**el hombre/la mujer de negocios** businessman/woman
**el/la mecánico/a** mechanic
**el médico** doctor
**el/la músico/a** musician
**el/la peluquero/a** hairdresser
**el/la periodista** journalist
**el/la policía** police officer
**el/la profesor/a** teacher
**el/la representante de ventas** salesman/woman
**el/la secretario/a** secretary
**el/la taxista** taxi driver
**el/la trabajador/a** worker
**el/la veterinario/a** vet

## D2 Where do you work?

**en un banco** in a bank
**en un colegio** in a school
**en el ejército** in the army
**en una fábrica** in a factory
**en un hospital** in a hospital
**en una oficina** in an office
**en la RENFE** for Spanish Railways
**en un supermercado** in a supermarket

## Area of Experience E

### E1 Countries, continents and nationalities

**el África** Africa
**Alemania** Germany
**Australia** Australia
**Austria** Austria
**Bélgica** Belgium
**el Canadá** Canada
**la China** China
**Dinamarca** Denmark
**Egipto** Egypt
**Escocia** Scotland
**España** Spain
**los Estados Unidos** United States
**Francia** France
**Gales** Wales
**la Gran Bretaña** Great Britain
**Grecia** Greece
**Holanda** Holland
**la India** India
**Irlanda del Norte** Northern Ireland
**Irlanda** Ireland

**Italia** Italy
**el Japón** Japan
**Noruega** Norway
**los Países Bajos** Netherlands
**el Pakistán** Pakistan
**Polonia** Poland
**el Reino Unido** United Kingdom
**la República Checa** Czech Republic
**Rumanía** Romania
**Rusia** Russia
**Suecia** Sweden
**Suiza** Switzerland
**Turquía** Turkey

**alemán/ana** German
**americano/a** American
**egipcio/a** Egyptian
**escocés/esa** Scottish
**español/a** Spanish
**francés/esa** French
**galés/esa** Welsh
**griego/a** Greek
**holandés/esa** Dutch
**inglés/esa** English
**irlandés/esa** Irish
**japonés/esa** Japanese
**mejicano/a** Mexican

### E2 Cities and geographical place names

**Atenas** Athens
**el Canal de la Mancha** English Channel
**Edimburgo** Edinburgh
**Londres** London
**el Mar Mediterráneo** Mediterranean Sea
**Moscú** Moscow
**Venecia** Venice
**Viena** Vienna

**Alicante** Alicante
**Barcelona** Barcelona
**Bilbao** Bilbao
**Burgos** Burgos
**Córdoba** Cordoba
**Granada** Granada
**Madrid** Madrid
**Málaga** Malaga
**Mallorca** Majorca
**Salamanca** Salamanca
**Sevilla** Seville
**Valencia** Valencia
**Valladolid** Valladolid
**Zaragoza** Saragossa

### E3 Accommodation

**el albergue juvenil** youth hostel
**el camping** campsite
**la caravana** caravan
**el cuarto** room
**la habitación doble** double room
**la habitación individual** single room
  **con balcón** with a balcony
  **con baño** with a bath
  **con ducha** with a shower

**el hotel** hotel
**la media pensión** half-board
**la pensión** boarding/guest house
**la pensión completa** full-board
**la tienda** tent

### E4 What to take on holiday

**el billete** ticket
**la bolsa** holdall/bag
**el bolso** bag/handbag
**la cámara** camera
**el carné de conducir** driving licence
**el carné de identidad** personal ID
**la cartera** wallet
**la llave** key
**la maleta** suitcase
**el mapa** map
**la mochila** rucksack
**el móvil** mobile phone
**el ordenador portátil** lap-top computer
**el pasaporte** passport
**la película** film

**el anorak** anorak
**el bastón** walking stick
**las botas** boots
**el botiquín** first aid box
**la cacerola** saucepan, casserole
**las cerillas** matches
**el saco de dormir** sleeping bag

# English–Spanish wordlist

**a little bit of** un poquito de
**a slice of …** una rebanada de …
to be **about** tratarse de
**above all** sobre todo
**advert** el anuncio
**airport** el aeropuerto
**almost** casi
**alone, lonely** solo/a; solitario/a
**ambitious** ambicioso/a
**America** los Estados Unidos
**amusing** divertido/a
**angry** enfadado/a
**appearance** la apariencia
**apple** la manzana
**apple juice** el zumo de manzana
**apricot** el albaricoque
**April** abril
**architect** el/la arquitecto/a
**arm** el brazo
**armchair** la butaca
**army** el ejército
**arrogant** arrogante
**art** el arte
**as for** en cuanto a
**aspirin** la aspirina
**astronomy** la astronomía
**athletics** el atletismo
**attic** el ático
**aunt** la tía
in **autumn** en otoño
**awful** horrible

**baby** el nene/la nena; el bébé
**back** la espalda
**bad** malo
it's **bad weather** hace mal tiempo
to play **badminton** jugar al bádminton
**bag** la bolsa; el bolso
**baker's** la panadería
**balcony** el balcón
with a **balcony** con balcón
**bald** calvo
**ballpoint pen** el bolígrafo
**banana** el plátano
**bank** el banco
**bank clerk** el/la empleado/a de banco
**basement** el sótano
to play **basketball** jugar al baloncesto
**bath** la bañera; el baño
**bathroom** el cuarto de baño
**battery (car)** la batería
**beans** las judías
**bear** el oso
with a **beard** con barba
it's **beautiful weather** hace buen tiempo
**bed** la cama

**bed and breakfast** la habitación con desayuno
**bedroom** el dormitorio
**beef** la carne de vaca
**beer** la cerveza
**behind** detrás de
**Belgium** Bélgica
**belt** el cinturón
**between** entre
**big** grande
**biology** la biología
**biscuit** la galleta
**black** negro/a
**blackboard** la pizarra
**blond/e** rubio/a
**blouse** la blusa
**blue** azul
**board-game** el juego de mesa
**boat** el barco
**book about …/by …** un libro sobre …/ de …
to get **bored** aburrirse
**boring** aburrido
**bottle (of…)** la botella de…
**box (of …)** la caja de …
**brave** valiente
**bread** el pan
**break (your leg)** romperse la pierna
**breakfast** el desayuno
**bridge** el puente
**briefcase** el maletín
**brilliant** estupendo
**broth** el caldo
**brother** el hermano
**brother-in-law** el cuñado
**brown** marrón
**builder** el/la albañil
**built** construido
**burn** la quemadura
to **burn** quemar
**bus** el autobús
**bus station** la estación de autobús
**businessman** el hombre de negocios
**businesswoman** la mujer de negocios
**bus-stop** la parada de autobús
**butcher's** la carnicería
**butter** la mantequilla
**butterfly** la mariposa

**cabbage** la col
**cake** la tarta; el pastel
**cake shop** la pastelería
**camera** la cámara
**campsite** el camping
**canary** el canario
**canoe** la canoa
**canteen/cafeteria** la cafetería

**car** el coche
**car park** el aparcamiento
**caravan** la caravana
**card** la tarjeta
to play **cards** jugar a las cartas
**carpet** la moqueta
**carrot** la zanahoria
**cartoon** los dibujos animados
**cartoon strip** el cómic
**cassette** la casete
**cassette recorder** el casete
**castle** el castillo
**cat** el gato
**cathedral** la catedral
**cauliflower** la coliflor
**central heating** la calefacción central
**chair** la silla; la butaca; el sillón
**cheap** barato
to **check the oil** revisar el aceite
**cheese** el queso
**chemist's** la farmacia
**chemistry** la química
to play **chess** jugar al ajedrez
**chest-of-drawers** la cómoda
**chewing-gum** el chicle
**chicken (roast)** el pollo (asado)
**child** el/la niño/a
**chips** las patatas fritas
**chocolate** el chocolate
**Christmas** la Navidad
**church** la iglesia
**cider** la sidra
**cinema** el cine
**circus** el circo
**class** la clase
**classroom** el aula
to **clean** limpiar
to go **climbing** escalar
**clothes** la ropa
**cloud** la nube
it's **cloudy** está nublado
**coach** el autocar
**coat** el abrigo
**coffee** el café
**cold** frío
it's **cold** hace frío
to be **cold** tener frío
to have a **cold** tener catarro
to **collect** coleccionar
**colour** el color
to **come** venir
to **come from** venir de; provenir de
to **complain** quejarse
**computer** el ordenador
to play on the **computer** jugar con el ordenador
**computer/video game** el videojuego

to go to a **concert** ir a un concierto
**contented** contento/a
**cook/chef** el/la cocinero/a
**cooker** la cocina
it's **cool** hace fresco
to **cool down** enfriar
**corner** la esquina; el rincón
made of **cotton** de algodón
in the **country** en el país; en el campo
**cousin** el/la primo/a
**cream caramel** el flan
**cream** la nata
**crisps** las patatas fritas
**crossroads** el cruce de carreteras
**cucumber** el pepino
**cup (of …)** la taza de …
**curtains** las cortinas
to **cut (your hand)** cortarse (la mano)
to go **cycling** montar en bicicleta

to **dance** bailar
**dancer** el/la bailador/a
**dark green** verde oscuro
**date** la fecha
**daughter** la hija
**day** el día
the **day** after tomorrow pasado mañana
the **day** before yesterday anteayer
**December** diciembre
**delay** el retraso
**delicious!** ¡qué rico!
**Denmark** Dinamarca
**dentist** el/la dentista
**department store** los grandes almacenes
**dessert** el postre
**dictionary** el diccionario
**diesel** el gas-oil
**difficult** difícil
**dining room** el comedor
**dinner** la comida
to have **diarrhoea** tener diarrea
**discothèque** la discoteca
**dishonest** deshonesto
**dishwasher** el lavaplatos
**divorced** divorciado/a
**doctor** el médico
**documentary** el documental
**dog** el perro
**door** la puerta
**double room** la habitación doble
**drama** el drama
to **draw** pintar; dibujar
**drawing** el dibujo
**dress** el vestido
**drink** la bebida
**driver** el conductor
**driving licence** el carné de conducir
to do the **drying up** secar los platos

**earrings** los pendientes
**ears** las orejas; los oídos
in the **east** en el este
**east of** al este de

**Easter** la Semana Santa
**easy** fácil
**egg** el huevo
**electrician** el/la electricista
**elephant** el elefante
**energetic** energético
**engine** el motor
**English** el inglés
**Epiphany** la Epifanía
in the **evening** por la noche
**every month** cada mes
**every Saturday** cada sábado
**every week** cada semana
**every day** cada día
**excellent** excelente
to be **excited about** hacerse ilusión
**exercise book** el cuaderno
**exhaust pipe** el tubo de escape
**exhibition** la exhibición
**expensive** caro
**eye** el ojo

**fabulous** fabuloso/a
**factory** la fábrica
it's not **fair!** ¡no es justo!
**fairly (quite)** bastante
**family** la familia
**fantastic** fantástico
**fat** gordo
**father** el padre
**father-in-law** el suegro
**favourite** favorito/a
**February** febrero
**fed up** harto/a
**felt-tip pen** el rotulador
to **fill up (with petrol)** llenar el tanque
**film** la película
**finger** el dedo
**fireman/woman** el/la bombero/a
**fireworks** los fuegos artificiales
on the **first floor** en el primer piso
**fish** el pez; el pescado
to go **fishing** pescar
**fishmonger's** la pescadería
**flat, apartment** el piso
to have **flu** tener gripe
it's **foggy** hay niebla
**foot** el pie
on **foot** a pie
to play **football** jugar al fútbol
to go to the **football match** ir al partido de fútbol
**forget it!** ¡olvídalo!
**frank** franco/a
to **freeze** congelar
**freezer** el congelador
**French (green) beans** las judías verdes
**French stick** la barra de pan
**French** francés
on **Friday** el viernes
**fridge (refrigerator)** el frigorífico
**friendly** amistoso; amigable
to be **frightened** tener miedo/tener susto

**frog** la rana
in **front of** delante de
**frost** la helada; la escarcha
**fruit juice** zumo de/jugo de fruta
**full board** pensión completa
**funny** gracioso/a

**garage** el garaje
**garden** el jardín
**garlic** el ajo
**generous** generoso/a
**gentleman** el caballero
**geography** la geografía
**German** el alemán
**Germany** Alemania
**ginger (hair colour)** pelirrojo
made of **glass** de cristal
**glass of …** el vaso de …
with **glasses** con gafas
**gloves** los guantes
made of **gold** de oro
**goldfish** el pez de colores
to play **golf** jugar al golf
**golf course** el campo de golf
**good** bueno
to have a **good time** pasarlo bien
to **graduate** licenciarse
**grandchildren** los/las nietos/as
**granddaughter** la nieta
**grandfather** el abuelo
**grandmother** la abuela
**grandparents** los abuelos
**grandson** el nieto
**grape** la uva
**grapefruit** el pomelo
**Greece** Grecia
**green** verde
**green salad** la ensalada verde
**greengrocer's** la verdulería
**grey** gris
**grocer's** la tienda de comestibles
on the **ground floor** en la planta baja
**guest-house** la pensión
**guinea-pig** el conejillo de Indias
**gymnasium** el gimnasio
**gymnastics** la gimnasia

**hairdresser** el/la peluquero/a
**hairdrier** el secador de pelo
**half a kilo of …** medio kilo de …
**half a litre of …** medio litro de …
**half-board** media pensión
**ham** el jamón
**hamburger** la hamburguesa
**hamster** el hámster
**hand** la mano
**handbag** el bolso
to play **handball** jugar al balonmano
**handsome/pretty** guapo/a
**happy** feliz
**hardworking** trabajador/a
**hat** el sombrero
to **hate** detestar; odiar

**head** la cabeza
to have a **headache** tener dolor de cabeza
**headlights** los faros
**health** la salud
**hedgehog** el erizo
**height** la estatura
to go **hiking** hacer excursionismo
**history** la historia
to play **hockey** jugar al hockey
**holdall (rucksack)** la mochila
**holiday camp** la colonia de vacaciones
**homework** los deberes
**honest** honesto
**honey** la miel
**horse** el caballo
**hospital** el hospital
to be **hot** tener calor
it's **hot** hace calor
**hotel** el hotel
**house** la casa
**household chores** las faenas de la casa
**housewife** el ama de casa
**how boring!** ¡qué aburrido!
**how dreadful!** ¡qué horror!
**how embarrassing!** ¡qué vergüenza!
**how revolting!** ¡qué asco!
to be **hungry** tener hambre
to **hurt (your head)** herirse (la cabeza)
to **hurt yourself** hacerse daño
**husband** el marido

it's **icy** hay hielo
**ice rink** la pista de hielo
**ice-cream** el helado
to go **ice-skating** patinar sobre hielo
**ill** enfermo/a
**impatient** inpaciente
**important** importante
to **improve** mejorar
**independent** independiente
**indicator (car)** el intermitente
**information technology** la informática
**interesting** interesante
**Ireland** Irlanda
made of **iron** de hierro
to **iron clothes** planchar
**irresponsible** irresponsable
**Italian** italiano/a
**Italy** Italia

**jacket** la chaqueta
**jam** la mermelada
**January** enero
**Japan** el Japón
**jar (of ...)** un bote de ...
**jealous** celoso/a
**jeans** los vaqueros
**jewellery** las joyas
**journalist** el/la periodista
**July** julio
**June** junio
to go **jogging** hacer footing

to **key in** marcar
**key** la llave
a **kilo of ...** un kilo de ...
**kind** amable
**kitchen** la cocina
**knee** la rodilla

**lady** la dama
**lamb** el cordero
**lamp** la lámpara
**landscape** el paisaje
to **last** durar
**Latin** el latín
**lawyer** el/la abogado/a
to **lay the table** poner la mesa
**lazy** perezoso/a
made of **leather** de piel
**leave me alone!** ¡déjame en paz!
**leek** el puerro
**leg** la pierna
**lemon** el limón
**lemonade** la limonada
**lesson** la lección
**level crossing** un paso a nivel
**library** la biblioteca
**lift** el ascensor
**light** la lámpara
**light blue** azul claro
**light mid-afternoon snack** la merienda
**lightning** los rayos
**lights** las luces
**lion** el león
to **listen to CDs/music** escuchar los CDs/música
to **live** vivir
**living room** el salón/la sala de estar
**London** Londres
to be **lucky** tener suerte
**lunch/light snack** el almuerzo

**mad, crazy** loco/a
**main dish** el segundo plato; plato principal
to **make the beds** hacer las camas
**map** el mapa/el plano
**March** marzo
**market** el mercado
**married** casado/a
to get **married** casarse
**maths** las matemáticas
**May** mayo
**meat (dish)** la carne
**mechanic** el/la mecánico/a
**medium-sized** mediano/a
to **meet** quedar con; conocer a
**melon** el melón
**menu** el menú
made of **metal** de metal
**microwave (oven)** el horno microondas
in the **middle** of en el centro de
**milk** la leche
**mineral water** el agua mineral

to **mix** mezclar
**mobile telephone** el móvil
**Monday** el lunes
**money** el dinero
**monument** el monumento
**moped** la moto(cicleta)
in the **morning** por la mañana
**Moscow** Moscú
**mother** la madre
**mother-in-law** la suegra
**motorbike/scooter** la moto(cicleta)
**motorway** la autopista
**mountain range** la cordillera; la sierra
in the **mountains** en las montañas
with a **moustache** con bigote
**mouth** la boca
**multi-coloured** multicolor
**museum** el museo
**mushroom** el champiñón
**music** la música
**music programme** el programa musical
**musician** el/la músico/a
**mustard** la mostaza

**naughty** travieso/a
**near to** cerca de
**neck** el cuello
**nephew** el sobrino
**Netherlands** los Países Bajos
**never** nunca
**New Year's Day** el Año Nuevo
**news** las noticias
**next to** al lado de
**nice** bonito/a
**niece** la sobrina
**noisy** ruidoso/a
**normally** normalmente
in the **north** en el norte
**nose** la nariz
**November** noviembre
**nurse** el/la enfermero/a

**occasionally** a veces
**October** octubre
**office** la oficina
**office worker** el/la empleado/a de oficina
**often** a menudo
**oil** el aceite
**on** en; sobre
**onion** la cebolla
**only son/daughter** el/la hijo/a único/a
**open** abierto/a
**opposite** enfrente de
**optimistic** optimista
**orange juice** el zumo de naranja
**orange** la naranja
to play in an **orchestra** tocar en una orquestra
**oven** el horno

**packet of ...** el paquete de ...

to **paint** pintar
**painting** la pintura
**pair of trousers** los pantalones
made of **paper** de papel
**parents** los padres
**park** el parque
**parrot** el loro
to go to a **party** ir a una fiesta
**partner** el/la socio/a
**Passover** la Pascua
**passport** el pasaporte
**patient** el/la paciente
**peach** el melocotón
**pear** la pera
**peas** los guisantes
**pedestrian precinct** la zona peatonal
**pencil** el lápiz
**pepper** la pimienta
**perfume** el perfume
**personal ID** el carné de identidad
**pessimistic** pesimista
**pet** el animal doméstico
**petrol** la gasolina
**petrol station** la estación de gasolina
**photograph** la fotografía
**photographer** el/la fotógrafo/a
**physics** la física
to **pick up** recoger
**piece/bit of …** el trozo de …
**pineapple** la piña
to **play a musical instrument** tocar un
  instrumento
**plot** el tema
**plum** la ciruela
**plumber** el/la fontanero/a
**pocket** el bolsillo
**police officer** el/la policía
**police station** la comisaría
**pony** el pony
**poor** pobre
**pork** el cerdo
**post box** el buzón
**post office** Correos
**postcard** la postal
**poster** el cartel
**postman/woman** el/la cartero/a
**potato** la patata
**pottery** la cerámica
**preferably** preferiblemente
**present** el regalo
to **press (a button)** pulsar (un botón)
**pretty** bonito/a
**primary school** la escuela (primaria)
**prize** el premio
**procession** la procesión
**proud** orgulloso/a
**pullover** el jersey
**purple** violeta
**purse** el monedero
**pyjamas** el pijama

**quiet** callado/a
**quite** bastante

**rabbit** el conejo
**radio programme** el programa de radio
**rain** la lluvia
to **rain** llover
**raincoat** el impermeable
**Ramadan** el Ramadán
**rarely** raramente; muy pocas veces
**really** verdaderamente
**red** rojo/a
**reliable** fiable
**religion** la religión
to **resemble** parecerse a
**responsible** responsable
**restored** restaurado/a
**reward** la recompensa
**rice** el arroz
to go **riding** montar a caballo
on/to the **right** a la derecha
**ring-binder (file)** la carpeta
**river** el río
**roll** el bollo
to go **roller-skating/-blading** montar
  en monopatín
**romance** el romance
**room** el cuarto
**roundabout** la glorieta
**rubber** la goma
**rucksack** la mochila
to play **rugby** jugar al rugby
**ruler** la regla
**Russia** Rusia

**sad** triste
to go **sailing** navegar; hacer vela
**salt** la sal
**satchel** la cartera
**Saturday** el sábado
on **Saturdays** los sábados
on **Saturday evening** el sábado por la
  noche
**scattered on the floor** tirados/as en el
  suelo
**school** el colegio
**school playground** el patio (de recreo)
**science** las ciencias
**Scotland** Escocia
**sea** el mar
**secondary school** el instituto
**secretary** el/la secretario/a
**selfish** egoísta
**semi-detached house** la casa adosada
**sensitive** sensible
**separated** separado/a
**September** septiembre
**shelf** el estante
to **shine** brillar
**shirt** la camisa
**shoes** los zapatos
**shoe shop** la zapatería
**shop** la tienda
**shop assistant** el/la dependiente
**short** bajo
**shorts** los pantalones cortos

**shower** la ducha
with a **shower** con ducha
**shy** tímido/a
**since** puesto que; ya que
**since 1999** desde 1999
**since Christmas** desde la Navidad
to **sing in a choir** cantar en el coro
**singer** el/la cantante
**single room** la habitación individual
**single** soltero/a
**sister** la hermana
**sister-in-law** la cuñada
**size** la talla
**ski resort** la estación de esquí
to go **skiing** esquiar
**skirt** la falda
**slim** delgado/a
**small** pequeño/a
**smile** la sonrisa
to **smile** sonreír
**snake** la culebra
**snow** la nieve
to **snow** nevar
**soap** el jabón
**soap-opera** el culebrón/la telenovela
**socks** los calcetines
**sofa** el sofá
**sofa-bed** el sofá-cama
**sometimes** a veces
**son** el hijo
to have a **sore throat** tener dolor de
  garganta
**sound equipment** el equipo de sonido
**soup** la sopa
in the **south** en el sur
**south of** al sur de
**south-west of** al sudoeste de
**souvenir** el recuerdo
**spaghetti** los espaguetis
**Spain** España
**Spanish** el español
**sport** el deporte
**sports centre** el polideportivo
**sports ground, playing field** el campo
  de deportes
**sports programme** el programa
  deportivo
to **sprain (your ankle)** torcerse el
  tobillo
in **spring** en primavera
**square** la plaza
to play **squash** jugar al squash
**stadium** el estadio
**staff-room** la sala de profesores
**stairs** la escalera
**starter** el entremés
**station** la estación
**stay** la estancia
made of **steel** de acero
**step-brother** el hermanastro
**step-father** el padrastro
**step-mother** la madrastra
**step-sister** la hermanastra

**stomach** el estómago
to have a **stomach ache** tener dolor de estómago
to **stop a car** frenar; parar
**storm** la tormenta
**straight ahead** todo recto
**strawberry** la fresa
**street** la calle
the next **street** la siguiente calle
**student** el estudiante
**stupid** estúpido/a
**subject** la asignatura
**sugar** el azúcar
**suitcase** la maleta
in **summer** en verano
**sun** el sol
it's **sunny** hace/hay sol
**Sunday** el domingo
**supermarket** el supermercado
**sweater** el jersey
**Sweden** Suecia
to **sweep** barrer
**sweets** los caramelos
to **swim** nadar; bañarse
**Switzerland** Suiza

**table** la mesa
to play **table-tennis** jugar al tenis de mesa
**talkative** hablador/a
**taxi** el taxi
**taxi-driver** el/la taxista
**tea** el té
**teacher** el/la profesor/a
**technical college** la escuela de Formación Profesional
**technology** la tecnología
**telephone** el teléfono
**telephone box** la cabina de teléfonos
**television** la televisión
to have a **temperature** tener fiebre
to play **tennis** jugar al tenis
**tennis court** la cancha de tenis
**tent** la tienda
**textbook** el libro de texto
**theme park** el parque temático
**theatre** el teatro
to be **thirsty** tener sed
**this afternoon** esta tarde
**this evening** esta noche
**this morning** esta mañana
**three times a week** tres veces por semana
**throat** la garganta
**thunder** el trueno
**Thursday** el jueves
**ticket** el billete
to **tidy (the room)** ordenar (el cuarto)
**tie** la corbata
**tiger** el tigre
**tights** las medias; los pantis
**tin (of …)** la lata de …

**tired** cansado/a
**tiresome** molesto/a
**toad** el sapo
**today** hoy
**toilets (public)** los servicios
**tolerant** tolerante
**tomato** el tomate
**tomorrow** mañana
**tomorrow evening** mañana por la noche
**tomorrow morning** mañana por la mañana
**tooth** el diente/la muela
to have **toothache** tener dolor de muelas
**tortoise, turtle** la tortuga
**tourist office** la oficina de turismo
**towel** la toalla
in the **town centre** en el centro
**town hall** el ayuntamiento
**toy** el juguete
**tracksuit** el chandal
**traffic lights** el semáforo
**train** el tren
**trainers** las zapatillas (de deporte)
**tram** el tranvía
**trip** el viaje
**trousers** los pantalones
to **try on** probarse
**t-shirt** la camiseta
**tube (of …)** el tubo de
**Tube** el metro
**Tuesday** el martes
**turkey** el pavo
**Turkey** Turquía
**TV comedy** la telecomedia
**TV programme** el programa de televisión
**TV series** la serie de televisión
**twice** dos veces
**twin** el/la mellizo/a; el/la gemelo/a
**type** el tipo
**tyre** el neumático

**ugly** feo/a
**uncle** el tío
**under, beneath** debajo de
**underground** por debajo de tierra
**United Kingdom** el Reino Unido
**university** la universidad
**unleaded petrol** la gasolina sin plomo
to be **unlucky** tener mala suerte/no tener suerte
**unpleasant** desagradable
**useful** útil
**useless** inútil
**usually** por lo general

to **vacuum** pasar la aspiradora
**vegetables** las verduras
**very** muy
**vet** el veterinario

**village** el pueblo
**vinegar** el vinagre

**Wales** Gales
**wallet** la cartera
**wallpaper** el papel de pared
**wardrobe** el armario
to **wash the car** lavar el coche
to **wash the dishes** fregar los platos
**washing machine** la lavadora
to **watch TV** ver la televisión
**wealthy** rico/a
**weather forecast** el pronóstico del tiempo
**Wednesday** el miércoles
**weekend** el fin de semana
in the **west** en el oeste
**west of** al oeste de
**wet** mojado/a
**what a pity!** ¡qué lástima!; ¡qué pena!
**white** blanco/a
**Whitsun** Pentecostés
**widow/er** el/la viudo/a
**wife** la mujer
to **win** ganar
**wind** el viento
**window** la ventana
**windscreen** el parabrisas
**windscreen wipers** los limpiaparabrisas
it's **windy** hace viento
to go **wind-surfing** hacer windsurf
**wine (white/red)** el vino (tinto/blanco)
**wine list** la lista de los vinos
in **winter** en invierno
made of **wood** de madera
made of **wool** de lana
to **work (in the garden)** trabajar (en el jardín)

**year** el año/curso
in **year 10/11** en cuarto de ESO
**yellow** amarillo/a
**yesterday** ayer
**yesterday evening** ayer por la noche
**yesterday morning** ayer por la mañana
**yogurt** el yogur
**youth hostel** el albergue juvenil